JN114076

WASEDA セミナー

面白いほど理解できる

法学の
基礎の基礎

法学研究会

早稲田経営出版
TAC PUBLISHING Group

は じ め に

　この本を手にとってくださった皆さん、法の世界へようこそ！

　貴方は、生まれて初めて法律の勉強をされる大学１年生の方でしょうか。法学部の講義内容がわかりづらく、挫折しそうなくらいに苦労されている法学部生の方でしょうか。憲法、民法などの勉強をすでに始めておられる国家試験や公務員試験の受験生の方でしょうか。あるいは、進路を模索している高校生、教養を深めようとなさっている社会人の方かもしれません。

　法律の知識を必要とされている方の数だけ、その理由があるかと思います。いきなり専門書を読んで正確な理解ができるかというと、それは難しいのが現実です。法律用語などの基礎知識を得たうえで、読んでいくことが必要なのです。だからこそ入門書が大切になります。

　法学の入門書というと、どのような内容を思い浮かべられますか？

　おそらく大学教授が書いた極めて難解な抽象的な概念があふれる、専門的な本ではないでしょうか……。

　このような実状に鑑みて、本書を執筆しました。

　本書では、いかにも法学的な、専門用語や表現をできるだけ避けて、可能な限りわかりやすく、イメージしやすい表現で、重要テーマを解説しました。

　例えば、最初に学習する、「法とはそもそも何か？」についても、

　「社会で守らなければならないルールだ」

　というように簡単に、わかりやすい内容で押さえています。その具体例についても、同様です。犯罪報道などで一番イメージしやすい「人を殺してはならない」という刑法199条の殺人罪で説明しています。いかがでしょうか。

　そのうえで、内容も、法学部生の試験勉強や、各種国家試験、公務員試験に対応できるように、法の分類を前提に進めていきます。例えば、主要な公法である憲法について学びます（小中学校の社会科で学習済みですね）。また、私法である民法（わたしたち、市「民」の「法」律です）を学びます。さらに、刑法、行政法、商法、労働法、裁判における民事・刑事の訴訟法、そして最後に条約などの国際法にまで至ります。

　また本書では、その法における最重要項目を網羅しています。具体例で言えば、憲法の学習の初めの部分で、「外国人の人権（マクリーン事件）」のポイントを取り上げています。これは、国家試験や公務員試験ではもちろん、法学部の定期試験などでも必須のテーマです。

　初学者の方にとっては、本書が、各種試験合格への第一歩、スタートにもなります。

　法律は、まずわかることが大事です。本書を利用される皆さんが、スムーズに法の世界に入っていかれることを確信しています。その後、各人の目指される道、例えば、研究者、各種資格取得者、公務員の世界などで、ご成功されることを心よりお祈りいたします。

　法律の勉強は、今後、一生ものの知識として貴方を助けるでしょう。その一助となれれば、これほど嬉しいことはありません。一緒に頑張りましょう！

本書の使い方
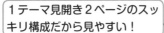

> 1テーマ見開き2ページのスッ
> キリ構成だから見やすい！

▶ 公法とは何か？

19 行政組織

行政庁といっても、官庁や役所のことではありません

> 取り上げるテーマにつ
> いて冒頭にQ＆Aが示
> されています。

Q 行政庁って何のこと？

A 大臣や知事・市町村長などのことだよ。

行政主体

　行政主体とは、行政上の法的効果、つまり権利・義務が帰属するところをいいます。国・地方公共団体（都道府県・市町村・特別区）がこれに当たります。公法人として、権利能力を有します。

行政機関

> 本文では理由や趣旨も
> 平易に説明！

　行政機関とは、行政主体のために行政活動を行う地位に立つ自然人またはその集まりのことをいいます。行政機関は、行政主体のために権限を行使しますので、その権限行使の効果は、当該行政機関にではなく、行政主体に帰属することになります。権限によって、以下のように分類できます。

①行政庁

　行政庁とは、行政主体の意思または判断を決定し、私人に表示する権限を持つ行政機関をいいます。具体的には、各省大臣、知事・市町村長などです。

　原則として、1人だけの独任制が採られていますが、合議制の行政庁もあ

ります。例えば、人事院、公正取引委員会などです。

②補助機関

　補助機関とは、行政庁の内部部局の機関として行政庁の意思や判断の決定を補助する行政機関をいいます。具体的には、各省事務次官、副知事・副市長などです。

③執行機関

　執行機関とは、私人に対し実力行使する権限を持つ行政機関をいいます。具体的には、警察官、消防官などです。

④諮問機関

　諮問（しもん）機関とは、行政庁の諮問に応じて意見を述べる行政機関をいいます。具体的には、選挙制度審議会などです。この諮問機関の意見（答申）は、行政庁を法的に拘束しません。

⑤参与機関

　参与機関とは、行政庁の意思または判断の決定に参与する行政機関をいいます。具体的には、電波法による審査請求に関する電波監理審議会などです。参与機関の意見は行政庁を法的に

70

拘束します。

⑥監査機関

　監査機関とは、他の行政機関の事務処理を監査する権限を持つ行政機関をいいます。具体的には、会計検査院、監査委員などです。

行政機関相互の関係

①権限分配の原則

　権限は法律によってその権限を割り当てられた行政庁によって行使されなければならないのが原則です。

②指揮監督の原則

　権限行使において、上級行政庁に、下級行政庁に対する指揮監督権が認められるという原則です。

第4編

ポイント

行政庁	行政主体の意思・判断を決定し、私人に表示する権限を持つ行政機関 ex.各省大臣、知事・市町村長
補助機関	行政庁の内部部局の機関として行政庁の意思・判断の決定を補助する行政機関 ex.各省事務次官、副知事・副市長
執行機関	私人に対し実力行使する権限を持つ行政機関 ex.警察官、消防官
諮問機関	行政庁の諮問に応じて意見を述べる行政機関 ex.選挙制度審議会
参与機関	行政庁の意思または判断の決定に参与する行政機関 ex.電波法による審査請求に関する電波監理審議会
監査機関	他の行政機関の事務処理を監査する権限を持つ行政機関 ex.会計検査院、監査委員

> 図表で整理することで、難解な専門用語も把握しやすく！

ミニテスト

1　諮問機関とは、行政庁から諮問を受けて意見を述べる行政機関で、その答申が行政庁の意思を拘束するものである。

解答　1　× 諮問機関の答申は行政庁を拘束しません。

> 最後に１問１答型ミニテストで知識を確認！

● ● ● CONTENTS ● ● ●

第5編 私法とは何か？

第6編 労働法とは何か？

1 法とは

法には、憲法、民法、刑法などたくさんありますが、法とは、そもそも何なのでしょうか？　まず、その意味から、学習をはじめましょう！

Ｑ　法って何？

Ａ　最も簡単に言えば、社会のルールの１つだよ。

規範

　法とは、最も広い意味で使うと、ルール一般を指します。

　しかし、すべてのルールの中で、自然法則などが、一定の条件の下では常に成立する関係を指すのに対し、法律学のルールは、私たち人間が社会の中で守らなければならないものとしての側面が強いです。

　このように「〜しなければならない」「〜してはいけない」というような命令や禁止の形で一定の守るべきことを指図されることを規範といいます。つまり、規範とは、是非善悪の判断基準です。例えば、人を殺してはならない、物を盗んではならないなどです。

　特に、社会の中で守るべきことを指図されることを社会規範といい、法律学での法は法規範といわれます。

行為規範・裁判規範・組織規範

　法は、前記の社会規範の一種であり、その特徴として、行為規範性、裁判規範性、組織規範性の３つが挙げられます。

①行為規範

　法は、命令・禁止などの形をとることで、人間が社会生活を送っていくうえでの自己の行動を選択・決定する際の基準としての役割を果たしています。

　例えば、刑法199条は、「人を殺した者は、死刑又は無期若しくは５年以上の懲役に処する。」と規定することによって、人を殺してはならない！と命令・禁止しています。この規定によって、人を殺そうと思ったＡが、殺してはダメだと考え、殺さないという行動を選択・決定することができるのです。

　このような法規範の特徴を指して、行動の基準となるので、行為規範であるといいます。

②裁判規範

　①のように法は行為規範ですが、いったん具体的な紛争が生じてしまった場合、最終的には、裁判において法の規定を適用して紛争を解決します。

前記の殺人罪のケースだと、刑法199条を適用して、殺人犯を死刑や懲役刑に処するのです。

このような法規範の特徴を指して、裁判の基準となるので裁判規範であるといいます。

③組織規範

法は一般的には、行為規範・裁判規範です。

しかし、例えば、憲法66条1項は、「内閣は、法律（内閣法など）の定めるところにより、その首長たる内閣総理大臣及びその他の国務大臣でこれを組織する。」と規定しています。このように行為規範でも裁判規範でもないものもあります。

このような組織を定めた規定を、組織規範といいます。

ポイント

①行為規範
　命令・禁止などの形をとり、人間が社会生活を送っていくうえでの自己の行動を選択・決定する基準となる。
②裁判規範
　具体的な紛争が生じた場合、裁判において法の規定を適用して紛争を解決するので、裁判の基準となる。
③組織規範
　組織を定める基準となる。

ミニテスト

1　法は、命令・禁止などの形をとることで、人間が社会生活を送っていくうえでの自己の行動を選択・決定する際の基準としての役割を果たしているので、法は行為規範である。
2　具体的な紛争が生じてしまった場合、最終的には、裁判において法の規定を適用して紛争を解決するので、法は裁判規範である。
3　法は、行為規範・裁判規範であるので、行為規範でも裁判規範でもない法はない。

解答　1　○　2　○　3　× あります。組織規範の場合です。

3

2 | 法規範の特徴

法以外にも、道徳、宗教、習俗などのルールがあります。法との違いに注意しましょう。

Q 法と道徳は、何が1番違うの？

A 違反した場合に、国による制裁があるかどうかだよ。

他の社会規範

命令・禁止などの形をとる規範としては、法の他にも、道徳・宗教・習俗などがあり、これらも社会規範です。そこで、これらの社会規範と法との区別が問題となります。

法と道徳の区別

法も道徳も共に社会規範ですが、第1に、法は人間の行為として外部に現れた社会行動に着目するのに対し（前述した行為規範性です）、道徳は人間の内心に着目します。

第2に、法は一般の通常人が守れそうなところに水準を置くのに対し、道徳は崇高な理想のもとで高貴な人間となることを期待したものです。つまり、「法は道徳の最小限である」とドイツの法学者イエリネックがいったように、法には道徳の裏づけが必要ではありますが、法は、社会存立のための必要最小限の道徳しか要求しないのです。例えば、不倫は、道徳的には悪いことですが、刑法で犯罪として処罰は

しないのです。

第3に、法は、違反者に対して国家による制裁（サンクション）に裏打ちされた強制力を伴うのに対し（これを強制規範性といいます）、道徳に反する行為をした場合は、世間やマスコミからの非難などの社会的制裁を受けます。

例えば、殺人を犯した場合、刑法に違反したので死刑に処せられることもあります。この死刑という極刑が、違反者に対する国家による制裁です。

以上、法と道徳は、さまざまな違いがあります（その他については、次テーマ参照）。

法と宗教の区別

宗教も社会規範ですが、道徳との共

4

通性が多く、一般的に、人の内心に着目し崇高な理想のもとで高貴な人間となることを期待したもので、その違反に対する制裁も、それぞれの宗教団体からの破門といった社会的なものです。

以上の点で、宗教は法とは異なる社会規範です。

法と習俗の区別

習俗とは一般社会生活のしきたりを指し、社会行動に着目したもので（行為規範性）、その水準も一般的な通常人に置いていますが、習俗は地域社会による強制力（村八分などです）が働く場合があるのに対し、法は、前記のように、国家による強制力が働きます（強制規範性）。この点で、両者は異なります。

法規範の特徴

以上から、他の社会規範と異なる法規範の特徴として、行為規範性と強制規範性が挙げられます。

ここで行為規範性とは、人間の行動選択の判断基準ということ、強制規範性とは、違反者に対して、国家による制裁を加えることで、社会における法秩序の維持を図ることを目的とした規範ということです。前記の例だと、死刑制度を備えることによって、殺人が行われない社会を作ることを目的にしています。

法に違反した場合
⇨国家による制裁（サンクション）に裏打ちされた強制的な制裁

ミニテスト

1　法は、違反者に対して国家によるサンクションに裏打ちされた強制力を伴うが、道徳に反する行為をした場合は、世間からの非難などの社会的制裁を受ける。

解答　1 ○

3 法と道徳の関係について

法と道徳の関係については、法哲学の分野では、さまざまな議論があります

Q 自然犯の具体例は何？

A 殺人や窃盗だよ。

自然法論と法実証主義

法の内容が道徳的でなければならないかについて、次の2つの見解に分かれます。

①自然法論

自然法という概念を認める自然法論の立場からは、自然法とは、神の意志や人間の理性・本性などに基づいた法であり、人間の作った実定法（後述する成文法や慣習法等、社会で実効的に使われている法）の効力・拘束力を基礎づけ、その正・不正を識別するものです。つまり、道徳的に正しい法です。

それゆえ、自然法に反する実定法は、原則として、法的効力をもたず、人々はこれに従う義務もないとされます。つまり、「悪法は法にあらず」と主張されます。法は、正しい内容でなければならないからです。悪い法は守らなくてもよいのです。

②法実証主義

社会で実効的に行われている法を実定法といい、成文法（制定法）や不文法のなかの慣習法などが含まれます。

そして、実定法であれば、その内容が道徳的であるか否かにかかわらず法的効力をもつとする見解を、法実証主義といいます。

つまり、自然法論の対立概念で、実定法のみを法とする見解です。この立場では、「悪法も法なり」と主張されます。悪い内容でも、法は法だからです。守らなければならないのです。

近代古典主義と法的モラリズム

法による道徳の強制をどう考えるかによって、次の2つに分かれます。

①近代古典主義

カントに代表される近代古典主義は、国家は個人の権利を保護する役割しか持たず、法は個人の道徳に干渉できないとの考えを採りました。

また、J.S.ミルは、社会的に不道徳だというだけではその行為を制限したり処罰したりすることはできず、自由を制限することができるのは、他人の安全や自由を脅かすような場合に限られると考えました。

②法的モラリズム

①に対し、法的モラリズムと呼ばれ

る立場は、社会の存立の確保に必要な場合には、不道徳な行為は不道徳であるというだけで制限したり処罰したりすることも正当化されるとする考え方です。

自然犯と法定犯

道徳との関係で、犯罪は次の2つに分かれます。

①自然犯（刑事犯）

自然犯とは、犯罪のうち、その反社会性・反倫理性が社会規範からみて自明とされるものです。刑事犯ともいいます。

殺人・放火・強盗・窃盗・強姦などがその例です。

②法定犯（行政犯）

法定犯とは、それ自体当然には反社会性、反倫理性を有しませんが、行政上の目的で定められた法規に違反するゆえに違法となる犯罪のことです。行政犯ともいいます。

典型例は、日本で、自動車の左側通行が道路交通法により決められたことにより、右側通行が違法となる場合で、道路交通法違反として刑罰の対象になります。

自然法論
　　自然法⇨「悪法は法にあらず」
法実証主義
　　実定法⇨「悪法も法なり」

ミニテスト

1　社会で実効的に行われている法を実定法というが、不文法のなかの慣習法は含まれない。

2　自然犯とは、犯罪のうち、その反社会性・反倫理性が社会規範からみて自明とされるもので、法定犯ともいう。

解答　1　×　慣習法も含まれます。

　　　　2　×　最後が、「法定犯」ではなく、「自然犯」の誤りです。

1 法源とは

法がどのような形で存在しているのか、ということです

Q 法源って、何て読むの？

A 「ほうげん」だよ。

法源

法源とは、法の存在形式、すなわち、法がどのような形で存在しているのか、ということです。

法による裁判が行われる現代社会においては、司法権、つまり裁判官が紛争を解決する作用である裁判の中で、裁判官の判断である判決を正当化するために、裁判官が拘束され依拠する権威的な基準の裁判規範である法は何かということが、とても重要です。

このような裁判官が拘束され依拠する法は、成文法と不文法という形で存在しています。

成文法の意義

文字や文章で表現され、所定の手続きに従って制定される法を、成文法または制定法といいます。法規という場合もあります。

具体的には、憲法・法律・命令・条例など、いろいろなものがあります。

成文法は、計画的に制定され、内容も体系的論理的に整理されているので、明確で安定しています。したがっ

て、プラス面として、社会の構成員である私たちに行動基準を示し（行為規範）、裁判官に裁判の基準を示す（裁判規範）のに役立ちます。

しかし、法改正には一定の手続を踏まなければならず、時間がかかるなど、時代の変化には即応しにくいというマイナス面もあります。

また、成文法には、後述する判例法などの不文法に優先し、判例を変更する効力も認められているなどの特徴があります。

| 長所 | 行為規範、裁判規範となる |
| 短所（弱点） | 時代の変化に即応できない |

なお、成文法（制定法）は、多くの事例を念頭において一般的抽象的に規定されているので、立法後の社会経済的条件や社会の価値観の変化に対してもある程度対応が可能です。しかし、立法当時には予測できない新たな問題が生じるなど、時間の経過とともに制定法が対応できなくなることも起こります。これを法の欠缺（けんけつ、不存在という意味です）といい、その場合には、後述する法の類推解釈、反対

解釈などのテクニックによって対応していくことになります。

不文法の意義

成文の形式をとらない法を不文法といいます。

慣習法、判例法などがその例として挙げられます。

なお、判例法は、裁判の判決文そのものが法ではなく、そこに含まれている法原則が拘束力をもつものです。憲法のはじめに学ぶ有名判例のマクリーン事件を例にとれば、判決文の「憲法第3章の諸規定による基本的人権の保障は、権利の性質上日本国民のみをその対象としていると解されるものを除き、わが国に在留する外国人に対しても等しく及ぶものと解すべきであり……」という文章自体ではなく、そこで判示された「外国人にも原則として人権が保障される」という内容が判例法として効力をもつのです。もちろん、制定もされていません。したがって、不文法に分類されます。注意してください。

成文法
⇨文字や文章で表現され、所定の手続に従って制定される法
不文法
⇨成文の形式をとらない法

ミニテスト

1　法源には、成文法と不文法の2つがあるが、文字や文章で表現され所定の手続に従って制定される法を成文法という。
2　成文法は、計画的に制定され、内容も体系的論理的に整理されているので、明確で安定しているから、時代の変化に即応しやすい。
3　判例法は、判決文が書かれるので、成文法に分類される。

解答　1　○　2　×　時代の変化には即応しにくいものです。
　　　　3　×　不文法に分類されます。

2 | 成文法の種類1

まず、憲法と法律をみましょう

> Q **成文法の具体例は？**
> A **憲法や法律だよ。**

成文法（制定法）

　日本は、制定法を中心的な法源とする成文法主義を採っています。

　成文法（制定法）には、憲法・法律・規則・命令・条例・条約があります。

憲法

　憲法とは、国家体制の基礎を定める法、つまり基本法、根本法のことです。もちろん、日本国憲法がその典型例です。

　次のように分類されます。

①成文憲法・不文憲法

　「法典」の有無による分類です。

　憲法典のあるものを成文憲法といい、憲法典のないものを不文憲法といいます。

　日本国憲法など、ほとんどの国の憲法は成文憲法ですが、イギリスの憲法は不文憲法です。

②硬性憲法・軟性憲法

　改正の難易度による分類です。

　通常の法律の改正手続よりも厳格な手続によらなければ改正できない成文憲法を硬いという意味で硬性憲法といい、通常の法律の改正手続と同じ手続で改正できる成文憲法を軟らかいという意味で軟性憲法といいます。

　日本国憲法など、ほとんどの国の憲法は硬性憲法ですが、1814年のフランス憲法や1848年のイタリア憲法は軟性憲法でした。

③欽定憲法・民定憲法

　制定主体の違いによる分類です。

　欽定憲法とは、君主によって制定される憲法をいい、大日本帝国憲法がその例です。これに対し、民定憲法とは、国民が直接にまたは国民から選挙された代表者（憲法制定会議など）を通じて制定される憲法をいい、アメリカ諸州の憲法がその例です。

　なお、日本国憲法は、大日本帝国憲法の改正手続に則って制定されたもの（こちらを重視すれば、欽定）ですが、天皇主権から国民主権への大転換がなされている（こちらを重視すれば、民定）ため、欽定憲法か民定憲法かについては学説が完全には一致していません。注意してください。

　その他、協約憲法（協定憲法）と

は、君主と国民の代表者との合意によって制定される憲法をいい、1830年のフランス憲法がその例です。条約憲法とは、多数の国家（邦）が結合して連邦国家を形成するとき、その合意によって制定される憲法をいい、アメリカ合衆国憲法がその例です。

法律

法律とは、広い意義では「法」全般と同義で使われますが、狭い意義では、議会（国会）が所定の手続に従って定めた制定法のことをいいます。

民法、刑法、商法、民事訴訟法、刑事訴訟法などがその例です。

ポイント

①**成文憲法・不文憲法**
憲法典のあるものが成文憲法⇔ないものが不文憲法

②**硬性憲法・軟性憲法**
法律の改正手続より厳格な手続きによらないと改正できないのが硬性憲法⇔同じ手続で改正できるのが軟性憲法

③**欽定憲法・民定憲法**
君主によって制定される憲法が欽定憲法⇔国民または代表者を通じて制定される憲法が民定憲法

ミニテスト

1　日本国憲法は成文憲法であるが、イギリスの憲法は不文憲法である。
2　通常の法律の改正手続よりも厳格な手続によらなければ改正できない成文憲法を硬性憲法といい、通常の法律の改正手続と同じ手続で改正できる成文憲法を軟性憲法という。

解答 1 ○ 2 ○

3 | 成文法の種類2

つづいて、規則、命令などをみましょう

Q 成文法のほかの具体例は？

A 規則や命令などだよ。

規則

規則とは、議会（国会）が作成する規範である法律以外の規範のことをいい、衆参両院がそれぞれ作成できる「議院規則」や、最高裁判所が作成できる「最高裁判所規則」が規則にあたります。

命令

命令とは、行政機関が定める制定法をいいます。

①制定機関による分類

政令は、内閣が制定する命令です。内閣を政府ともいいますので、「政」府の命「令」を略して、政令です。

府令（内閣府令）は、内閣総理大臣が制定する命令です。政令とは全く違います。特に注意が必要です。

省令は、法務大臣などの各省大臣が制定する命令です。

外局の規則は、府・省の外局である委員会・庁の長が制定する規則で、国家公安委員会や公正取引委員会の外局規則がその例です。

その他、人事院や会計検査院が制定する人事院規則や会計検査院規則も命令にあたります。

②法律との関係による分類

執行命令（実施命令）とは、法律の規定を執行（実施）するために必要な細則を定める命令です。これに対し、委任命令（受任命令）とは、法律の委任または上級の命令の委任に基づいて制定される命令です。

なお、独立命令は、法律から独立して制定される命令で、大日本帝国憲法下の緊急勅令・独立命令などがその例ですが、現憲法下では認められていません。

条例

条例とは、地方自治法等で使う狭義では、地方公共団体の議会（地方議会）が制定する自治立法を指し、地方公共団体の長（都道府県知事・市町村長）が制定する自治立法である「規則」を含みませんが、憲法等で使う広義では、これらを含めて地方公共団体の制定法全般を意味します。

各地方の青少年保護育成条例などが、身近な例です。

狭義の条例	地方議会による制定法（長による制定法＝規則は含まない）
広義の条例	地方公共団体による制定法

条約

条約とは、国家（一定の国際組織も含みます）間の文書による合意のことです。日米安全保障条約など、歴史上有名な条約もあります。

多国間条約も二国間条約もあり、具体的名称も、「条約」のほか、憲章、協定、協約、宣言、議定書等さまざまです。

命令の分類
①制定機関
　政令　内閣が制定する命令
　府令　内閣総理大臣が制定する命令
　省令　各省大臣が制定する命令
　外局の規則　委員会・庁の長が制定する規則
②法律との関係
　執行命令　法律の規定を執行するために必要な細則を定める命令
　委任命令　法律の委任、上級の命令の委任に基づいて制定される命令

ミニテスト

1　内閣総理大臣が制定する命令を政令という。
2　執行命令は、法律の規定を執行するために必要な細則を定める命令であり、委任命令は、法律の委任または上級の命令の委任に基づいて制定される命令である。
3　狭義の条例とは、地方公共団体の議会が制定する自治立法を指し、地方公共団体の長が制定する規則を含まない。

解答　1　× 「内閣総理大臣」が制定する命令は府令です。「内閣」が制定する命令が政令です。
　　　2 ○　3 ○

第2編　法はどのように存在するのか？

13

4 | 成文法の分類

成文法は、一定の基準に従って整理分類されます

Q 公法の代表は？私法の代表は？

A 公法では憲法、私法では民法だよ。

公法と私法

①公法

　公法（こうほう）とは、国家・地方公共団体の内部関係や、国家・地方公共団体と私人との関係を規律する法をいいます。

　憲法、行政法、民事訴訟法、刑法、刑事訴訟法などです。例えば、憲法の権利・自由の規定によって、国などの公権力に対して、私たち私人の人権が保障されています。

②私法

　私法（しほう）とは、私人相互の関係を規律する法をいいます。

　民法、商法、会社法などです。例えば、民法の契約の規定によって、私たちは売買契約などが行えます。

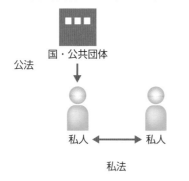

③社会法

　公法と私法の区別の基準に関連して、現代では、労働法、経済法などのいわゆる社会法と呼ばれる両者が交わる領域が増えてきています。

民事法と刑事法

　民事法と刑事法は、裁判が民事裁判と刑事裁判に大別されていることに対応するための区別です。

　両者間に直接の関連はなく、したがって、ある事件について民事裁判と刑事裁判が行われる場合に、それぞれの裁判において異なる事実認定がなされることもあります。例えば、交通事故のケースで、運転手に、民事では過失ありでも、刑事では過失なしのようにです。

①民事法

　民事裁判の規準となる法とその手続法をいいます。例えば、民法、商法、民事訴訟法などです。

②刑事法

　刑事裁判の規準となる法とその手続法をいいます。例えば、刑法、刑事訴訟法などです。

実体法と手続法

①実体法

実体法とは、法律関係ないし権利義務関係の実質的な内容を規定する法をいいます。ここで「実体」とは、法律関係や権利義務関係の実質的な内容のことです。

例えば、民法、商法、刑法などです。具体的にいえば、民法は、お金の貸し借りにおいて、貸主は、貸したお金を返せという権利があると規定しています。

②手続法

手続法とは、法律関係ないし権利義務関係を実現するための方法、手続を規定する法をいいます。つまり、実体を実現する手続の法です。

例えば、民事訴訟法、刑事訴訟法、行政事件訴訟法などの訴訟法が典型例です。具体的にいえば、貸したお金を返してくれないときは、裁判所に訴えて、お金を返してもらえます。

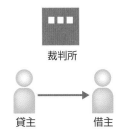

裁判所

貸主　借主

ポイント

実体法　法律関係や権利義務関係の実質的な内容（実体）を規定する法
手続法　実体を実現するための方法、手続を規定する法

ミニテスト

1　民事訴訟法は私法である。

解答　1　×　民事訴訟法は公法です。間違いやすいので注意しましょう！

5 　成文法の関係

制定法間の抵触や矛盾を解決するために、制定法の上下関係を考えましょう！

Ⓠ　**特別法って何？**

Ⓐ　特定の場合や特定の人などに限って適用される特別な法のことだよ。

所轄事項（所管事項）

法律の所轄事項は、憲法が直接規定している事項を除き、あらゆる分野にわたります。

しかし、他方、多くの法律が制定されると、制定法の間において内容的な抵触・矛盾が生じることもあります。

そこで、このような抵触・矛盾を回避するために、まず、各制定法の所轄事項、つまり、いわゆる縄張りを定めることが考えられます。

例えば、会社に関しては、会社法1条が、「会社の設立、組織、運営及び管理については、……この法律の定めるところによる」と規定しているような場合です。

形式的効力の上下関係

前記のように、各法に所轄事項＝縄張りを定める場合もありますが、すべての事項についてあらかじめ縄張りを定めることは不可能ですし、妥当でもありません。

そこで、制定法間の抵触・矛盾を回避するための第2の手段が、形式的効力の上下関係を原則化することです。

①上位法と下位法

「上位法は下位法に優先する」という原則です（上位法優位原則）。

わが国の法秩序においては、憲法→法律→命令→条例の順に上下関係が決まっています。

なお、憲法と条約の関係については、どちらが上位か学説上争いがありますが、憲法優位説が多数説です。

②特別法と一般法

「特別法は一般法に優先する」という原則です（特別法優位原則）。

ある事項について一般的に規定した法を一般法といい、同じ事項について、そのうちの特定の場合を限ってまたは特定の人もしくは地域を限って適用される法を特別法といいます。

そして、一般法と異なる内容を定めた特別法があるときは、特別法が一般法に優先して働きます。わざわざ、特別な法を作ったからです。

なお、一般法・特別法の区別は相対的であって、比べるものによって異なります。例えば、民法と商法を比較すると民法が一般法で商法は特別法とな

りますが、商法と会社法を比較すると商法が一般法で会社法が特別法となります。民法は誰に対してもどんな取引についても規定していますが、商法は、商人の商取引についてのみ規定しています。さらに、会社法は、商人のなかの会社の取引についてのみ規定しているからです。

一般法と特別法の区別

民法	商法	会社法
一般法 ⇔ 特別法	一般法 ⇔ 特別法	

③新法と旧法

「新法は旧法に優先する」という原則です（新法優位原則）。

内容的に矛盾する制定法の間で、時間的に後に制定された法（新法・後法）は、前に制定された法（旧法・前法）に優先して適用されます。新法の方が内容が進んでいるからです。

なお、新法優位原則と特別法優位原則がぶつかった場合、つまり、後に制定された一般法と、先に制定された特別法が矛盾する場合、古い特別法が新しい一般法に優先します。つまり、特別法優位原則の方が強い原則なのです。

ポ イ ン ト

①**上位法と下位法**
　「上位法は下位法に優先する」（上位法優位原則）
②**特別法と一般法**
　「特別法は一般法に優先する」（特別法優位原則）
③**新法と旧法**
　「新法は旧法に優先する」（新法優位原則）

ミ ニ テ ス ト

1　後に制定された一般法と、先に制定された特別法が矛盾する場合、古い特別法が新しい一般法に優先する。

解答　1　○

17

6 | 不文法とは

文書の形式をとらない法です。慣習法、判例法、条理などです。慣習法を中心に
みましょう！

Q 慣習法は、制定されていないの？

A その通りだよ。

慣習法

慣習法とは、国の立法機関の立法手続を経て制定された法ではないものの、社会の慣行を通じて発生してきた社会生活の規範ともいうべきものが法規範として承認されたものをいいます。手形法の要件を一部欠いても流通する白地（しらじ）手形などがその例です。

ただし、成文法中心主義を採用する日本において、慣習法が法源としての機能を果たすのは例外的な場合です。

①慣習法が認められる要件

社会で行われている慣行が慣習法として認められるための要件を、法の適用に関する通則法3条は次のように定めています。

> 公の秩序又は善良の風俗に反しない慣習は、法令の規定により認められたもの又は法令に規定されていない事項に関するものに限り、法律と同一の効力を有する。

したがって、公序良俗に反しない慣習で、法令の規定により認められた慣習か、法令に規定されていない事項に関する慣習の場合に、慣習法と認められる、すなわち、法律と同一の効力を有することになります。

②商慣習

商法1条2項は、商慣習について、次のように定めています。

> 商事に関し、この法律に定めがない事項については商慣習に従い、商慣習がないときは、民法の定めるところによる。

したがって、商法に規定がある場合は商法が当然に適用されますが、商法に規定がない場合には、取引に関する一般法であり「成文法である民法」を適用せずに、まず「不文法である商慣習」を適用し、商慣習もない場合にはじめて民法を適用することになります。

これは、成文法が不文法に優先するという原則に対する明文上の例外です。

③任意規定と異なる慣習

民法92条は、任意規定と異なる慣習について、次のように定めています。

> 法令中の公の秩序に関しない規定と異なる慣習がある場合において、法律行為の当事者がその慣習による意思を有しているものと認められるときは、その慣習に従う。

　したがって、公の秩序に関しない規定（これを任意規定といいます）と異なる事実上の慣習がある場合に、法律行為の当事者がその慣習の方に従うという意思を有するときは、任意規定ではなく、慣習が優先するということになります。

判例法

　判例とは、先例として機能する裁判例、判決例のことです。ある事件に対し下された判決の中で示された一般的規準が先例として規範化され、その後の同種の事件においても同じ内容の判決が下されるようになることから、これらを判例法と呼びます。民法の譲渡担保や、刑法の共謀共同正犯などがそ

の例です。

　日本では、上級審の判決はその事件についてのみ下級審を拘束するにすぎず、英米のような先例に拘束される「先例拘束性の原理」が制度的に確立していないことから、判例法は、確定的な法源とはいえません。

　ただし、最高裁判所による判例変更は大法廷で行わなければならず、通常は、判例に従って裁判がなされているので、裁判実務上の慣行としては、判例に先例拘束性が認められています。

その他の不文法

　その他、条理や前述の自然法を不文法に含める立場もありますが、これらが拘束力のある法源かどうかについては争いがあり、否定的な考えの方が強いです。条理とは、社会生活において相当多数の人々が承認している道理・すじみちのことで、事物の本性ともいわれます。

ポイント

商法1条2項
　①商法→②商慣習→③民法　（商慣習が民法に優先する）

ミニテスト

1　商事に関し、商法に定めがない事項については民法の定めに従い、民法に定めがないときは、商慣習による。

解答　1　✕　民法と商慣習が逆です。

7 法の効力

時間的、場所的（人的）な効力をみてみましょう

Ⓠ 公布と施行は違うの？

Ⓐ 違うよ。通常は、公布→施行の順番だよ。

公布と施行

　法令は、成立してから、公布され、周知期間を経て、施行期日の到来により施行（しこう、せこう）されます。これにより、現実に拘束力を生じます。

①公布

　成立した法令の内容を、広く一般に周知させるため公示することをいいます。「公」に発「布」です。私たちに広く知らせることです。

　先例に準拠して、官報に掲載して行われています。

②施行

　法令の規定の効力を一般的に発動させ、作用させることをいいます。実「施」実「行」されることです。

　施行期日については、法律で、次のように決まっています。

　法律の場合は、公布の日から起算して「20日」を経過した日から施行しますが、法律でこれと異なる施行期日を定めたときは、その定めによります（法の適用に関する通則法）。

　条例の場合は、条例に特別の定めが

あるものを除くほか、公布の日から起算して「10日」を経過した日から、これを施行します（地方自治法）。法律の半分と覚えましょう！

③遡及効

　遡及効（そきゅうこう）とは、法令の規定の効力を、その法令の施行日より前にさかのぼって、それ以前の事柄にも及ぼさせることをいいます。

　法令は、将来に向かって適用するのが原則です。法律不遡及の原則といいます。しかし、遡及適用が一切認められないわけではなく、関係者にとって有利な場合、例えば、公務員の給与関係法令の増額改正等には、遡及効が認められます。

属地主義と属人主義

①属地主義

　自国の法律は、自国の領土外には及ばないとする属地主義が原則です。

②属人主義

　例外として、国外にいる自国民に

も、その国の法の適用を認めるのが属人主義です。例としては、刑法が規定する、一定の重大犯罪についての日本国民の国外犯規定があります。具体的には、外国で殺人を犯した日本国民には、日本の刑法が適用されます。

③保護主義

なお、自国や自国民の法益を侵害する犯罪に対しては、犯人が外国人であっても、犯罪地がどこであっても、すべての犯人について、その国の刑法を適用するのが保護主義です。例として、刑法は、通貨偽造罪などの日本国の国益を侵害する重大犯罪につき、保護主義を採用しています。

時間的効力
　　公布→法令の内容を広く一般に周知させるため公示すること
　　施行→法令の効力を一般的に発動、作用させること
場所的効力
　　属地主義（原則）→自国の法律は領土外に及ばない
　　属人主義（例外）→国外にいる自国民に、その国の法の適用を認める

ミ ニ テ ス ト

1　法令は成立してから、公布され、施行期日の到来により施行される。
2　法令の規定の効力を、その法令の施行日より前にさかのぼって、それ以前の事柄にも及ぼさせることを遡及効という。
3　自国の法律は自国の領土外には及ばないとする考え方を属人主義という。

解答　１ ○　２ ○　３ ×　属地主義です。

1 | 解釈とは

法の意味を明らかにする作業です

解釈の意義

　法の解釈とは、実定法の規範的意味内容を解明する作業をいいます。簡単にいえば、法の意味を明らかにする作業です。

　条文に「Ａ」と書いてある場合に、Ａとは、〜であるというように、その意味内容を明らかにすることです。

> 　○○「条」に書かれている「文」章なので、条文といいます。
> 　例えば、憲法第１条は、「天皇は、日本国の象徴であり日本国民統合の象徴であつて、この地位は、主権の存する日本国民の総意に基く。」と規定されています。

　法の解釈の方法としては、次の文理解釈と論理解釈が代表的なものです。

文理解釈

　文理解釈とは、文理に従う解釈、すなわち、文字・文章の意味を、その言葉の使用法や文法の規則に従って確定することによって行われる解釈をいいます。

条文に「Ａ」と書いてあれば、その意味はＡだとする解釈です。

　文理解釈は、すべての法解釈の出発点となり、最も説得力のある権威的な根拠となります。

　そして、文理解釈においては、法の文言は普通の意味で考えるとされます。ただし、ここで普通とは、法の世界においての普通という意味なので、当然、専門用語となります。そのような法律学独特の使い方をする語句や言いまわしについては、次テーマ以下で、後述します。

論理解釈

　論理解釈とは、論理的に行う解釈、すなわち、ある法規と他の関係諸法規との関連や、問題となっている法令・法領域あるいは法体系全体のなかでその法規が占める位置など、法規の体系的論理的関係を考慮しながら行われる解釈をいいます。

　条文に「Ａ」と書いてあっても、その意味をＡ′だとしたり、場合によりＢだとする解釈です。

　論理解釈は、文理解釈の補充的なも

のとされます。論理解釈の実例は、後述します。

長所と短所

文理解釈は、「A」をAと解するので、誰が解釈しても同じ結果になります。したがって、法的安定性を維持するのには最適ですが、場合によって具体的妥当性に欠けることがあります。

これに対し、論理解釈は、「A」をA′や、Bと解するので、ケースに応じた具体的妥当性を確保できますが、法的安定性を失わせる危険があります。

ここで、法的安定性とは、人、事物、状況等の差異を考慮せず、画一的な解決をすること、具体的妥当性とは、そのような差異に応じたきめ細かい取扱いをすることです。

文理解釈
⇨文字・文章の意味を、その言葉の使用法や文法の規則に従って確定することによって行われる解釈
　　法的安定性○　具体的妥当性△
論理解釈
⇨ある法規と他の関係諸法規との関連や、問題となっている法令・法領域、法体系全体のなかでその法規が占める位置など、法規の体系的論理的関係を考慮しながら行われる解釈
　　法的安定性△　具体的妥当性○

　　　　　　　　　　ミニテスト

1　文理解釈とは、文字・文章の意味を、その言葉の使用法や文法の規則に従って確定することによって行われる解釈をいい、ケースに応じた具体的妥当性を確保できるが、法的安定性を失わせる危険がある。

解答　1　×　後半が誤りです。ケースに応じた具体的妥当性を確保できるが、法的安定性を失わせる危険があるのは、論理解釈の方です。

2 法律用語 1

文理解釈の基本となる、法律の専門用語について順次みていきましょう

> **Q** 善意や悪意ってどういう意味？
>
> **A** ある事柄について知らないとか知っているという意味で使います。

注意すべき法律用語

①善意・悪意

　法律用語としての善意・悪意には、日常私たちの使うような、良いこと、悪いこと、といった倫理的な意味はありません。善意とは、単にある一定の事実を知らないことを意味し、悪意とは、ある一定の事実を知っていることを意味します。

　例えば、貴方の経歴などについて、A君が知らない場合には、Aは貴方の経歴について善意であるといい、Bさんが知っている場合には、Bは貴方の経歴について悪意である、といいます。AやBが良い人、悪い人という意味ではありません。

②過失

　過失とは、注意を怠った、という注意義務違反、つまり不注意のことです。したがって、過失の意味自体は日常用語とほぼ同じです。

　法律用語として厳密に使用するのは、その種類・分類です。すなわち、過失は、注意を著しく怠った重大な過失（重過失）と、それ以外の軽過失の2つに分かれるのです。なお、これは、重過失があるか否かという分類なので、いわゆる中間過失という概念はありません。

　そして、過失がないことを無過失といい、過失はあるけど重大な過失まではないことを無重過失といいます。

③対抗

　法律用語としての「対抗する」とは、すでに成立している法律関係を当事者以外の者に対して「主張する」ことをいいます。日常私たちの使うような、互いに競争することではありません。したがって、AがBに〜を対抗することができる、というのは、AがBに〜を主張することができる、という意味になります。

④自然人・法人

　自然人とは、権利義務の主体である個人、つまり人間のことです。自然な意味での人というニュアンスです。これに対し、法人とは、自然人以外のものです。権利義務の主体となることが法律によって認められたもので、法が認めた人というニュアンスです。会社などがその例です。

24

⑤みなす・推定する

「みなす」とは、ある事実について一定の事実があるものとして扱い、そうではないという証明（反証）があったとしても、その取扱いは変わらないもののことをいいます。例えば、民法20条では、未成年者が親の同意なく契約した場合、契約の相手方が親に追認するかどうかを確答すべき旨を催告したことに対し、親がその期間内に確答を発しないときは、その行為を追認したものとみなすことになります。追認していないと反証してもその取扱いは変わりません。

「推定する」とは、ある事実について一定の事実があるものとして扱い、そうではないという証明（反証）がなされると、その取扱いを反証通りに変えるもののことをいいます。例えば、民法186条２項では、10年前の時点と現在の両時点において占有をした証拠があるときは、占有は10年前から現在までの間継続したものと推定することになります。占有が継続していなかったことを反証すれば、10年間の継続はなかったものとされます。

⑥署名・記名

署名とは、当事者本人が自署することですが、記名とは単に本人の名を記すことであり、自署を必要としません。署名は、本人が手書きで記入しますが、記名の場合、印刷でもよいことになります。

⑦原本・謄本・抄本

原本は、作成者の手によるオリジナルの文書です。

謄本は、原本の全内容を写した文書です。

抄本は、原本の一部を写した文書です。

ポイント

反証を許すか否か（取扱いを改めるか否か）
No → みなす
Yes → 推定する

ミニテスト

1　「みなす」とは、法律上仮にそう取り扱うが、反証が出るとその取扱いを改め、事実上の取扱いをする場合をいう。

解答　1　×「推定する」の説明です。

3 | 法律用語２

法律の専門用語の続きです。厳密な定義をもつ言いまわしです。

> **Q** 未満と以下の違いは？
>
> **A** 18歳未満だと18歳を含まず、18歳以下だと18歳を含みます。

厳密な定義をもつ言いまわし

①又は・若しくは

文章の中で、どちらか一方を選択する場合（OR）に用いる接続詞です。

選択される語句に段階があるときは、大きな選択的連結に「又は」を用い、その他の小さな選択的連結に「若しくは」が用いられます。つまり、大別が「又は」、さらに分割する場合が「若しくは」です。

なお、選択される語句に段階がない場合には「又は」のみを用います。

> 「相続の承認若しくは放棄又は遺産
> 　　　　　　小さな接続　　大きな接続
> の分割をすること」
> （民法13条１項６号）

②並びに・及び

文章の中で、２つ以上の要素を結びつけて併合する場合（AND）に用いる接続詞です。

併合される語句に段階があるときは、大きな併合的接続に「並びに」を用い、その他の小さな併合的接続に「及び」が用いられます。

なお、併合される語句に段階がない場合には「及び」のみを用います。

> 「証人の出頭及び証言並びに記録の
> 　　　　　　小さな接続　大きな接続
> 提出を要求することができる」
> （憲法62条）

③場合・とき・時

仮に想定した条件を示すのに、「〜の場合」や「〜のとき」を用います。法律上は条件が２つ以上あるケースで、大きい条件は「場合」を、小さい条件は「とき」を用います。

一方、「時」は、「〜の時点で」のように、時点または時期を限定して示す場合に用います。

④以上・超える、以下・未満

一定の数量を基準として、その基準数量を含んでそれより多いという場合には「以上」を、その基準数量を含まずにそれより多いという場合には「超える」を用います。例えば、「１万円以上」は、１万円を含みそれより多い金額を指し、「１万円を超える」は、１万円を含まずそれより多い金額を指します。

一定の数量を基準として、その基準数量を含んでそれより少ないという場合には「以下」を、その基準数量を含まずにそれより少ないという場合には「未満」を用います。例えば、「18歳以下」は18歳を含みそれより低い年齢を指し、「18歳未満」は18歳を含まずそれより低い年齢を指します。

　また、100人のうち「半数以上」というときは50人以上を意味し、「過半数」というときは51人以上を意味します。

ポイント

以上：一定の数量を基準として、その基準数量を含んでそれより多い
超える：一定の数量を基準として、その基準数量を含まずにそれより多い
以下：一定の数量を基準として、その基準数量を含んでそれより少ない
未満：一定の数量を基準として、その基準数量を含まずにそれより少ない

ミニテスト

1　併合される語句に段階があるときは、大きな併合的接続に「並びに」を用い、小さな併合的接続に「及び」が用いられる。
2　併合される語句に段階があるときは、大きな併合的接続に「及び」を用い、その他の小さな併合的接続に「並びに」が用いられる。
3　「時」は、時点または時期を限定して示す場合に用いられる。

解答　１　○　２　×「及び」と「並びに」が逆です。　３　○

4 ｜ 法律用語３

法律の専門用語の続きです。同音異義語などです。

Q 科料と過料は違う意味ですか？

A はい、科料は刑罰ですが、過料は刑罰ではありません。

同音異義語

①課する・科する

法律上、対象者に特定の義務関係を設定するときに、「課する」や「科する」を使用します。

税金をかける場合は「課する」を使い、刑罰をかける場合は「科する」を使います。罪と科（とが）の科だからです。

②犯す・侵す

一般に「犯す」は刑罰法規において罪とされる行為をすることを表す場合に使います。犯罪の「犯」だからです。「侵す」は権利または自由を侵害する場合に使います。

③権限・権原

「権限」とは、一定の法律行為または事実行為をすることができる能力をいいます。「権能」とほぼ同義ですが、能力（〜ができる）に重点を置く権能に対して、限界（〜までできる）に重点を置いた表現です。

「権原」とは、一定の法律行為または事実行為をすることを正当ならしめる法律上の原因をいいます。例えば、「権原によってその物を附属させた（民法242条）」とは、物を附属させる正当な法律上の原因があることを指します。原因の「原」で覚えましょう。

④科料・過料

「科料」は、財産を奪う「刑罰」の一種です。刑法は、千円以上１万円未満のものを科料としています。これに対し、「過料」は、「刑罰以外」の金銭的制裁です。厳密に区別されます。

読み方はどちらも「かりょう」ですが、両者を区別する意味で、科料（とがりょう）、過料（あやまちりょう）とも読みます。

⑤規定・規程

「規定」は、個々の条項の定めで、「規程」は、一連の条項の総体です。つまり、法令の一部と全体です。

ただし、とても紛らわしいので、現在では、一連の条項の総体は「規則」と言い換えることが多く、「規程」は、内部組織や事務執行の準則を定めた訓令を指す意味で使われる場合が多くなっています。

類似語

①直ちに・速やかに・遅滞なく

　いずれも、ある行為とその後に続く行為との時間的近接性を表す用語で、上の順序で近接性が緩やかになるのが一般的です。

　「直ちに」とは、「すぐに」という意味で、遅延を許しません。

　「速やかに」は、「直ちに」よりも即時性が低く、訓示的な意味合いで用いられます。

　「遅滞なく」は、「速やかに」よりも即時性が低く、合理的に相当と認められる時間内に、という意味で用いられます。したがって、合理的な理由による遅延は許されます。

②違法・不当

　「違法」とは、その言葉通り、法に違反することをいいます。これに対して「不当」は、法には違反していないが、制度の目的からみて妥当でないことをいいます。妥当ではないので、不当です。

③期間・期日

　「期間」とは、ある時点からある時点までの時間の継続をいいます。

　「期日」とは、一定の行為が行われる日または一定の法律効果が生じる日です。時間の流れの中の一時点に焦点をおく点が、時間の長さに焦点をおく「期間」と異なります。

ポ　イ　ン　ト

権原⇨一定の法律行為などをすることを正当ならしめる法律上の原因
科料は刑罰⇔過料は、刑罰以外
直ちに・速やかに・遅滞なく⇨この順序で近接性が緩やかになる

ミ　ニ　テ　ス　ト

1　権限とは、一定の法律行為または事実行為をすることを正当ならしめる法律上の原因をいう。
2　直ちに・遅滞なく・速やかに、の順序で近接性が緩やかになる。

解答　1　×　権原の説明です。　2　×「遅滞なく」と「速やかに」が逆です。

5 法律用語4

法律の専門用語の続きです。法律の学習上、注意すべきものを挙げます。

> **Q** 裁判所の判決と決定は同じ意味？
>
> **A** いえ、判決と決定は別の意味です。

条文用語

①編・章・節・款・目

　各法典の内容の分類です。最も大きな分類である編から目までです。民法を例にとると、次のようになります。

```
第3編　債権
　第1章　総則
　　（中略）
　　第6節　債権の消滅
　　　第1款　弁済
　　　　第1目　総則
```

②条・項・号

　編・章・節・款・目などの大別のもとに、条文が来ます。条文は条の形で示され、さらに、項、号の順に細別されます。民法を例にとると、次のようになります。

```
第111条
　第1項
　　代理権は、次に掲げる事由
　　によって消滅する。＊
　　　第1号
　　　　本人の死亡
```

```
（以下、省略）
```
＊この部分を、柱書といいます。

③本文・ただし書

　条、項、号などのなかで、「ただし」という語で始まっている規定をただし書といい、その前までの文章を本文といいます。民法を例に示します。

```
第5条1項
　未成年者が法律行為をするには、
その法定代理人の同意を得なければ
ならない。ただし、単に権利を得、
又は義務を免れる法律行為について
は、この限りでない。
```

④前段・後段

　ある条文が2つの文に分かれている場合に、前の文を前段、あとの文を後段といいます。民法を例に示します。

```
第5条3項
　第1項の規定にかかわらず、法定
代理人が目的を定めて処分を許した
財産、その目的の範囲内において、
未成年者が自由に処分することがで
きる。目的を定めないで処分を許し
```

た財産を処分するときも、同様とする。

⑤適用・準用・読替え

適用は、ある法令の規定をそのままあてはめる場合に用います。

準用は、ある事項に関する規定を、それと類似する他の事項について、必要な修正を加えてあてはめる場合に用います。そして、準用する際に、ある用語を他の用語に置き替えて読むことを読替えといいます。

裁判用語

裁判を形式的に分類すると、次の３つに分かれます

①判決

判決は、重要な事項につき裁判する場合にとられる形式で、裁判の最も厳格な形式です。「裁判所」が、原則として口頭弁論を経て、法定の方式によって作成した判決原本に基づき、判決の言渡しをします。

②決定

決定は、「裁判所」のする裁判で判決以外のものをいい、口頭弁論を経るかどうかは裁判所の裁量で決められ、裁判所が適当とする方法で告知すれば足ります。

③命令

命令は、個別の裁判長、受命裁判官などの「裁判官」が、その資格で行う裁判です。

判決➡裁判所が、原則として口頭弁論を経て、判決の言渡しをする

─────── ミニテスト ───────

1　裁判所が、原則として口頭弁論を経て、法定の方式によって作成した判決原本に基づき判決の言渡しをすることを、決定という。

解答　1　×　判決です。

6 | 論理解釈

言葉を、拡張したり、縮小したり……

Q ロバは何科の動物？

A ウマ科だよ。

論理解釈の例

ここでは、「車馬通行止」という場合を例にして、いろいろな動物が、その場所を通れるのか、それとも通れないのかを考えて、論理解釈の実例を学習します。

①言葉の範囲内での解釈

「A」を、A´と解釈するものです。

拡張解釈（拡大解釈）は、条文の文言を普通の意味より広く解釈することです。「馬」という概念を拡張的に解釈し、ロバも含めます（ロバはウマ科に分類されます）。その結果、ロバも通れません。

実際の法律の具体例としては、刑法38条3項本文の「法律を知らなかったとしても、そのことによって、罪を犯す意思がなかったとすることはできない。」との規定にいう「法律」とは、法律のほか、政令、省令、条例、規則など一切の法令を含むとする解釈です。

縮小解釈（限定解釈）は、条文の文言を普通の意味より狭く解釈することです。「馬」という概念を縮小的に解

釈し、「子馬」は含めません。その結果、子馬は通れます。

民法754条の「夫婦間で契約をしたときは、その契約は、婚姻中、いつでも、夫婦の一方からこれを取り消すことができる。」との規定にいう「婚姻中」とは、単に形式的に婚姻が継続しているというだけではなく、実質的にも円満に継続していることをいうものとする解釈です。

②言葉に含まれない事項についての解釈

「A」を、Bと解釈するものです。

類推解釈は、ある事項に関して規定がない場合に、類似の事項に関する規定を使って行う解釈です。同じ結論にします。牛は、「馬」ではないが、大きな動物であり、似ているから通行できません。

債務不履行による損害賠償について賠償すべき損害の範囲を定めた民法416条の規定は、不法行為による損害賠償についても適用されるとする解釈です。

なお、**勿論（もちろん）解釈**は、類推解釈の一種ですが、文句なく類推で

きることがはっきりしているときに使う解釈です。「馬」でさえ通行できないのだから、もっと大きな象は当然通行できません。

反対解釈は、ある事項に関して規定がない場合に、類似の事項に関する規定を否定する解釈です。反対の結論になります。牛は、「馬」ではないから通行できます。

民法146条では、「時効の利益は、あらかじめ放棄することができない。」と規定されていますが、逆に、時効の利益は時効の完成後なら放棄すること

ができるとする解釈です。

論理解釈の留意点

①目的論的解釈

個々の法令の目的や法律全体の目的に従って、拡張解釈、縮小解釈、反対解釈、類推解釈、勿論解釈等が使い分けられなければなりません。

②刑法における類推解釈の禁止

刑法においては、罪刑法定主義の見地から、被告人に不利な類推解釈は禁止されています。

拡張解釈⇨条文の文言を普通の意味より広く解釈すること
縮小解釈⇨条文の文言を普通の意味より狭く解釈すること
類推解釈⇨ある事項に関して規定がない場合に、類似の事項に関する規定を使って行う解釈
反対解釈⇨ある事項に関して規定がない場合に、類似の事項に関する規定を否定する解釈

ミニテスト

1 　刑法38条3項本文の「法律を知らなかったとしても、そのことによって、罪を犯す意思がなかったとすることはできない。」との規定にいう「法律」とは、法律のほか、政令、省令、条例、規則など一切の法令を含むとする解釈は、拡張解釈である。

 1 ○

1 日本国憲法の原則

まず、公法の代表である憲法から！

Q 三大原則って何？

A 国民主権、基本的人権の尊重、平和主義だよ。

三大原則

　憲法は、国家の基本法であり、最高法規です。最高法規とは、国法において最も強い効力をもつこと、つまり、あらゆる法の中で、ナンバー１ということです。

　日本国憲法には３つの基本原則、三本柱があります。

①国民主権

　国民主権とは、国の政治のあり方を最終的に決定する力などが国民にあるという原則です。簡単にいえば、「国民が政治の主役である」ということです。

②基本的人権の尊重

　基本的人権ないし人権とは、人間であることにより当然に有するとされる権利です。

③平和主義

　第二次世界大戦の悲惨な体験を踏まえ、戦争についての深い反省に基づいて、戦争の放棄を宣言しています。

前文

　前文は、第１条よりも前に書かれた文章という意味です。憲法前文は、憲法制定の由来や目的などを述べる文章です。日本国憲法前文は、３つの基本原理を明確に宣言しています。

　日本国民は、正当に選挙された国会における代表者を通じて行動し、われらとわれらの子孫のために、諸国民との協和による成果と、わが国全土にわたつて自由のもたらす恵沢を確保し、政府の行為によつて再び戦争の惨禍が起ることのないやうにすることを決意し、ここに主権が国民に存することを宣言し、この憲法を確定する。そもそも国政は、国民の厳粛な信託によるものであつて、その権威は国民に由来し、その権力は国民の代表者がこれを行使し、その福利は国民がこれを享受する。これは人類普遍の原理であり、この憲法は、かかる原理に基くものである。われらは、これに反する一切の憲法、法令及び詔勅を排除する。

　日本国民は、恒久の平和を念願し、人間相互の関係を支配する崇高な理想を深く自覚するのであつて、

平和を愛する諸国民の公正と信義に信頼して、われらの安全と生存を保持しようと決意した。われらは、平和を維持し、専制と隷従、圧迫と偏狭を地上から永遠に除去しようと努めてゐる国際社会において、名誉ある地位を占めたいと思ふ。われらは、全世界の国民が、ひとしく恐怖と欠乏から免かれ、平和のうちに生存する権利を有することを確認する。

われらは、いづれの国家も、自国のことのみに専念して他国を無視してはならないのであつて、政治道徳の法則は、普遍的なものであり、この法則に従ふことは、自国の主権を維持し、他国と対等関係に立たうとする各国の責務であると信ずる。

日本国民は、国家の名誉にかけ、全力をあげてこの崇高な理想と目的を達成することを誓ふ。

なお、主権という言葉にはいろいろな意味があります。前文では、①国家権力の最高独立性、つまり、国外に対しての独立性と、②国政の最高決定権、つまり、国政のあり方を最終的に決定する力という異なる意味で使われています。①の「主権」は、第3段落で「自国の主権を維持し」という場合の「主権」がその例です。②の「主権」は、第1段落で「ここに主権が国民に存することを宣言し」という場合の「主権」がその例です。

①国民主権
　国の政治のあり方を最終的に決定する力などが国民にあるという原則
②基本的人権の尊重
　人間であることにより当然に有するとされる権利を尊重
③平和主義
　戦争の放棄を宣言

ミニテスト

1　日本国憲法の前文は、「主権が国民に存すること」を宣言すると規定している。

解答　1　○

2 天皇

天皇制は、象徴天皇制という形で採用されています

> **Q 天皇の地位は？**
>
> **A** 象徴です。

天皇の地位

憲法1条に、「天皇は、日本国の象徴であり日本国民統合の象徴であつて、この地位は、主権の存する日本国民の総意に基く」とあります。象徴天皇制です。

そして、2条では、「皇位は、世襲のものであつて、国会の議決した皇室典範の定めるところにより、これを継承する」としています。皇位の継承は、世襲制です。世襲制以外の皇位の継承等に関する事項は、法律である皇室典範で規定しています。

天皇の権能

4条1項は、「天皇は、この憲法の定める国事に関する行為のみを行ひ、国政に関する権能を有しない」としています。

国事に関する行為、すなわち国事行為は、政治権力に関係のない形式的儀礼的な行為です。具体的な行為は、憲法6条と7条に列挙しています。

そして、3条では、「天皇の国事に関するすべての行為には、内閣の助言と承認を必要とし、内閣がその責任を負ふ」としています。天皇の国事行為に対する内閣の助言と承認の規定です。このように、天皇のすべての国事行為に対して内閣の助言と承認が必要とされるので、その行為の結果については、内閣が自ら責任を負い、天皇は責任を問われません（天皇無答責）。

国事行為

6条1項は、「天皇は、国会の指名に基いて、内閣総理大臣を任命する。」とし、2項では、「天皇は、内閣の指名に基いて、最高裁判所の長たる裁判官を任命する」としています。天皇が任命するのは、内閣総理大臣と最高裁判所の長たる裁判官（最高裁判所長官）の2人のみです。

7条は、次の内容です。

> 天皇は、内閣の助言と承認により、国民のために、左の国事に関する行為を行ふ。
> 1号　憲法改正、法律、政令及び条約を公布すること。
> 2号　国会を召集すること。

3号　衆議院を解散すること。

4号　国会議員の総選挙の施行を公示すること。

5号　国務大臣及び法律の定めるその他の官吏の任免並びに全権委任状及び大使及び公使の信任状を認証すること。

6号　大赦、特赦、減刑、刑の執行の免除及び復権を認証すること。

7号　栄典を授与すること。

8号　批准書及び法律の定めるその他の外交文書を認証すること。

9号　外国の大使及び公使を接受すること。

10号　儀式を行ふこと。

1号の公布とは、成立した法令を国民に広く知らせる行為です。政令とは、内閣が制定する命令です。

2号の国会とは、常会、臨時会、特別会の3つです。

4号の総選挙とは、衆議院議員の総選挙と参議院議員の通常選挙をいいます。

5号などの認証とは、ある行為が正当な手続でなされたことを証明する行為です。

6号の大赦、特赦、減刑、刑の執行の免除、復権は、恩赦と総称されます。

9号の接受とは、面会して信任状を受け取る行為です。

10号の儀式とは、天皇が主宰者となって行う国家的儀式のことです。例えば、即位の礼、皇太子の成年式などです。

天皇による任命
　国会の指名に基づき、内閣総理大臣を任命する
　内閣の指名に基づき、最高裁判所長官を任命する

ミニテスト

1　天皇は、国会の指名に基づいて、内閣総理大臣を任命する。

解答　1 ○

3 | 基本的人権総論

基本的人権（以下、人権）の総論では、外国人の人権などが重要です

Q 外国人にも日本国憲法の人権が保障されるの？

A 原則として、保障されるよ。

外国人の人権

日本国憲法は、人権を規定する章に「国民の権利」という表題をつけ、人権の主体を国民に限定するような構造をとっていることから、外国人が人権を享有できるか否かが問題となります。

判例・通説は、外国人にも、権利の性質上適用可能な人権規定は保障が及ぶという性質説を採っています。

外国人の人権に関する有名な判例がマクリーン事件です。

> 判例
>
> マクリーン事件（最大判昭53・10・4）
> 憲法第3章による基本的人権の保障は、権利の性質上日本国民のみをその対象としていると解されるものを除き、わが国に在留する外国人に対しても等しく及ぶ。
> 政治活動の自由については、わが国の政治的意思決定またはその実施に影響を及ぼす活動等外国人の地位にかんがみこれを認めることが相当でないと解されるものを除き、その

保障が及ぶ。
※「最」は「最高裁判所」、「大」は「大法廷」、「判」は「判決」を意味します。

公共の福祉

人権は永久不可侵のものですが、それは人権が絶対に無制限という意味ではありません。人権は個人に保障されるものですが、個人も社会の中で生活しているので、当然、他人の人権との関係で制約されることはあります。例えば、表現の自由が保障されるといっても、他人の名誉権を害する発言までは許されないのです。

日本国憲法は、この点、13条で人権は公共の福祉によって制約される旨を定めています。公共の福祉とは、人権相互の矛盾・衝突を調整するための公平の原理です。簡単に言えば、人権を制約する言葉です。

> 条文
>
> 憲法13条
> すべて国民は、個人として尊重さ

れる。生命、自由及び幸福追求に対する国民の権利については、公共の福祉に反しない限り、立法その他国政の上で、最大の尊重を必要とする。

人権の分類

人権にはさまざまなものがありますが、内容によって、自由権や社会権などに分類されます。

	具体例
自由権	思想・良心の自由、信教の自由、表現の自由、学問の自由 職業選択の自由、財産権 人身の自由
社会権	生存権、教育を受ける権利、労働基本権
その他	平等権 裁判を受ける権利、国家賠償請求権、選挙権

自由権は、国家が個人の領域に対して権力的に介入することを排除する人権です。

社会権は、社会的経済的弱者を守るための人権で、国に対して一定の行為を要求するものです。

公共の福祉
⇨人権相互の矛盾・衝突を調整するための公平の原理（人権制約原理）

ミニテスト

1　憲法の人権の保障は、権利の性質上日本国民のみをその対象としているものを除き、わが国に在留する外国人に対しても等しく及ぶ。

　1　○

4 ｜ 基本的人権各論（自由権）

自由権では、憲法21条の表現の自由が最も大切です

Q 検閲は許されるの？

A 絶対に許されないよ。

精神的自由

精神的自由は、私たちの精神活動に関わる重要な人権です。信教の自由と表現の自由の２つを説明します。

①信教の自由

憲法20条１項前段は「信教の自由は、何人に対してもこれを保障する」と定めています。

そして、政教分離とは、国から特権を受ける宗教を禁止し、国家の宗教的中立性を要求する原則です。憲法は、同条３項で「国及びその機関は、宗教教育その他いかなる宗教的活動もしてはならない」と定めています。

②表現の自由

憲法21条１項は「集会、結社及び言論、出版その他一切の表現の自由は、これを保障する」と定めています。表現の自由は、言いたいことを言えるという自由です。その内容には、見る・読む・聞くという知る権利も含まれます。

特に、報道の自由と取材の自由に関する判例が重要ですが、判例は、報道の自由は21条で「保障」されるが、取材の自由は「尊重」されるのみ（保障まではされない）と判示しています。

> **判例**
> 博多駅ＴＶフィルム提出命令事件（最大決昭44・11・26）
> 　報道機関の報道は、民主主義社会において、国民が国政に関与するにつき、重要な判断の資料を提供し、国民の知る権利に奉仕するものである。したがって、事実の報道の自由は、表現の自由を規定した21条の保障の下にある。また、このような報道機関の報道が正しい内容をもつためには、報道のための取材の自由も、21条の精神に照らし、十分尊重に値する。
> ※「決」は「決定」を意味します。

また、表現活動を事前に抑制することは許されません。憲法21条２項は「検閲は、これをしてはならない」として検閲を絶対的に禁止しています。

経済的自由

経済的自由は、私たちの経済活動に関わる人権です。職業選択の自由と財

産権の保障の2つを説明します。

①職業選択の自由

　憲法22条1項は「何人も、公共の福祉に反しない限り、居住、移転及び職業選択の自由を有する」と定めています。

　職業選択の自由には、自己の従事する職業を決定する自由のほか、自己の選択した職業を遂行する自由＝営業の自由も含まれます。

②財産権の保障

　憲法29条1項は「財産権は、これを侵してはならない」と定めています。ただし、同条3項で「私有財産は、正当な補償の下に、これを公共のために用いることができる」として、私有財産を公共のために収用・制限すること

ができることと、その際には正当な補償が必要であるとしています。

人身の自由

　人身の自由は、私たちの生命や身体に関わる人権です。

　憲法31条の適正手続の保障は、「何人も、法律の定める手続によらなければ、その生命若しくは自由を奪はれ、又はその他の刑罰を科せられない」としています。これは、刑罰を科す手続を法定するなど、人身の自由の基本原則を定めた規定です。

　また、憲法33条～39条において逮捕の要件や住居の不可侵などについて定められています。

ポイント

信教の自由⇨政教分離は、国から特権を受ける宗教を禁止し国家の宗教的中立性を要求する原則

表現の自由⇨検閲は絶対的に禁止される

職業選択の自由⇨営業の自由も含まれる

財産権の保障⇨私有財産を公共のために収用・制限することができるが、その際には正当な補償が必要

適正手続の保障⇨刑罰を科す手続は法定される

 ミニテスト

1　報道機関の報道は、民主主義社会において、国民が国政に関与するにつき、重要な判断の資料を提供し、国民の知る権利に奉仕するものであるから、事実の報道の自由は、表現の自由を規定した憲法21条の保障の下にある。

 1 ○

（右側縦書き）第4編　公法とは何か？

5 | 基本的人権各論（社会権）

社会権では、憲法25条の生存権が最も大切です

Q 生存権って何？

A 健康で文化的な最低限度の生活を営む権利だよ。

社会権

　20世紀以降に、社会的経済的弱者を守るために保障されるに至った人権で、国に対して一定の行為を要求する権利です。生存権、教育を受ける権利、労働基本権の3つを説明します。

生存権

　生存権は、国民が、健康で文化的な最低限度の生活を営むことができる権利です（憲法25条1項）。

　生存権の法的性格については、争いがありますが、25条は国に政治的、道義的義務を課したにとどまり、個々の国民に具体的権利を賦与したものではないとする説があります。

　判例も、次のように判示しています。

判例

朝日訴訟（最大判昭42・5・24）

　25条1項は、すべての国民が健康で文化的な最低限度の生活を営み得るように国政を運営すべきことを国の責務として宣言したにとどまり、直接個々の国民に対して具体的権利

を賦与したものではない。

教育を受ける権利

　教育を受ける権利（憲法26条1項）は、特に、子どもの学習権を保障したものです。子どもの教育内容について国家が関与、決定する権能を有するか否かという教育権の所在に関する問題があります。判例は、国家が決定するという国家教育権説と教師など国民が決定するという国民教育権説を、いずれも極端かつ一方的であるとして否定し、国家にも国民にも教育権があるとする中間的な考えをとっています。

　なお、この教育を受ける権利に対応して、国民は、その保護する子女に普通教育を受けさせる義務を負います（26条2項）。そして、義務教育は、「無償」とされます。無償とは、授業料不徴収＝授業料無償という意味です。

労働基本権

　労働基本権（憲法28条）は、団結権、団体交渉権、団体行動権（争議

権）の3つからなります。労働三権ともいわれます。

団結権は、労働者の団体を組織する権利です。

団体交渉権は、労働者の団体が労働条件について使用者と交渉する権利です。

団体行動権は、労働者の団体を維持・改善する目的で団体行動を行う権利（ストライキなど）です。

公務員も、勤労者として、自己の労務を提供することにより賃金を得ているという点において一般の勤労者と異なるところはなく、憲法28条の労働基本権の保障は公務員に対しても及びます。しかし、警察職員や消防職員などの場合には労働三権すべてが認められておらず、また、一般の公務員の場合でも団体行動権が否定されているなど一定の制限がかかります。

生存権⇒25条は、国に政治的、道義的義務を課したにとどまり、個々の国民に具体的権利を賦与したものではない

教育を受ける権利⇒国家にも国民にも、子どもの教育内容決定権がある

労働基本権⇒団結権、団体交渉権、団体行動権（争議権）の労働三権

ミニテスト

1　憲法25条1項は、すべての国民が健康で文化的な最低限度の生活を営み得るように国政を運営すべきことを国の責務として宣言したにとどまらず、直接個々の国民に対して具体的権利を賦与したものである。

解答　1　×　国の責務として宣言したにとどまり、直接個々の国民に対して具体的権利を賦与したものではありません。

6 | 基本的人権各論（その他）

平等権、選挙権などをみましょう

Q 普通選挙の反対は？

A 制限選挙だよ。

平等権

　憲法14条１項は、「すべて国民は、法の下に平等であつて、人種、信条、性別、社会的身分又は門地により、政治的、経済的、又は社会的関係において、差別されない」として、法の下の平等について定めています。

　「法の下」とは、法適用の平等のみではなく、法内容の平等も含みます。憲法14条１項の規定を形式的に解釈すれば、法を適用する場合に国民を差別してはならないという法適用の平等のみを意味するようにもとれますが、内容が不平等な法を平等に適用したとしても平等の保障が実現されるわけではなく、国民に適用される法自体の内容も平等である必要があるからです。

　「平等」とは、絶対的平等ではなく、相対的平等を意味します。平等といっても、現実にある差を意識せず一律に取り扱うことではなく、現実にある差に応じた異なる取扱いをすることは許容されます。

　憲法14条１項では、「人種、信条、性別、社会的身分、門地」の５つが挙げられていますが、これらの列挙事由以外のことであれば差別してもいいという条文ではなく、５つの事由を例示的に列挙したにすぎません。したがって、これら５つの事由以外のことであっても、合理的な理由のない差別は許されません。

選挙権

　憲法15条１項は、「公務員を選定し、及びこれを罷免することは、国民固有の権利である」と定めて、選挙権を保障しています。

①選挙の基本原則

普通選挙	財力（財産、納税額など）、教育、性別などを選挙権の要件としない制度。反対語は、制限選挙。
平等選挙	選挙権の価値を平等＝１人１票を原則とする制度。反対語は不平等選挙で、複数選挙（特定の選挙人に２票以上の投票を認める制度）など。
自由選挙	棄権しても罰金、氏名の公表などの制裁を受けない制度。反対語は強制選挙。
秘密選挙	誰に投票したかを秘密にする制度。反対語は公開選挙。
直接選挙	選挙人が直接に選挙する制度。反対語は間接選挙。

②衆議院議員定数不均衡事件

　議員定数不均衡に関する最初の違憲判決です。

　昭和47年の衆議院議員選挙において、各選挙区の議員定数の配分に人口数との比率で不均衡があり、選挙人の投票価値に、1票の格差最大約5対1の不平等が存在することの違憲性が争われました。

判例

衆議院議員定数不均衡事件

（最大判昭51・4・14）

　法の下の平等は、選挙権に関して国民はすべて政治的価値において平等であるべきとする徹底した平等化を志向するものであり、選挙権の内容、すなわち各選挙人の投票の価値の平等も14条1項の要求するところである。

　選挙当時において、1票の格差は約5対1の割合に達していたが、これだけで直ちに定数配分規定を違憲とすべきではなく、人口の変動の状態をも考慮して合理的期間内における是正が憲法上要求されていると考えられるのにそれが行われない場合にはじめて違憲となる。本件規定は選挙当時、憲法の選挙権の平等の要求に違反し違憲と断ぜられるべきものであった。

　判例は、投票価値の平等も14条1項の要求だから、約5倍の格差のある配分規定は合理的期間経過によって違憲である、としました。

法の下の平等
　⇨合理的な区別は許される
　⇨選挙での投票価値の平等も保障される

ミニテスト

1　憲法は、成年者による普通選挙を保障している。
2　選挙権の内容である各選挙人の投票の価値の平等は、憲法14条1項の要求するところではない。

解答　1 ○　2 ✕　要求しています。

第4編　公法とは何か？

7 | 国会

国会の構成について、衆議院と参議院の二院制を採用しています

> **Q** 二院は対等な関係なの？
>
> **A** 衆議院が優越する場合もあるよ。

国会の地位

国会は、次の3つの地位を有します。

①国民の代表機関

「両議院は、全国民を代表する選挙された議員でこれを組織する」ので、国会は、国民の代表機関であることになります。

②国権の最高機関

国会は、「国権の最高機関」です。最高とは、国会が国政の中心的な地位を占める機関であることを、単に政治レベルで強調するだけの飾り言葉にすぎない政治的な美称です（政治的美称説）。

③唯一の立法機関

国会は、国の「唯一の立法機関」です。まず、唯一とは、国会以外の機関には立法を認めないという国会中心立法の原則と、立法には国会以外の機関の関与を必要としないという国会単独立法の原則の2つを意味します。

つまり、「唯一」には権限と手続の2つの側面があり、「国会だけが立法できる」という意味と「国会だけの手続で立法できる」という意味があるということです。

衆議院の優越

衆議院の優越は、憲法上、権能の範囲と議決の価値の2点です。

①権能の範囲

衆議院にのみ認められている権能には、内閣不信任決議権と予算先議権の2つがあります。なお、先に衆議院に提出しなければならないとする先議権は、憲法上、予算のみです。

②議決の価値

法律案の議決、予算の議決、条約の承認、内閣総理大臣の指名の場合に、衆議院の議決の方が優越します。

例えば、衆議院で可決した法律案について、参議院で否決された場合、衆議院において出席議員の3分の2以上の多数によって再可決したときは、法律となります。このように、衆議院と参議院で異なる議決があった場合など一定のものについては、衆議院の議決を優先させる仕組みが採られているのです。

会期

　国会は会期中のみ活動します。会期とは、国会が活動能力を有する一定の期間をいい、**常会**、**臨時会**、**特別会**の3つがあります。召集によって開会し、会期の終了によって閉会します。

常会	毎年1回定期的に召集
臨時会	臨時の必要に応じて召集
特別会	衆議院の解散による総選挙があった後に召集

会議の原則

　議事議決の**定足数**は、両議院とも、総議員の3分の1以上です。

　表決数は、出席議員の過半数が原則ですが、例外として、法律案の衆議院の再可決など、3分の2以上の多数を必要とする場合もあります。

第4編　公法とは何か？

衆議院の優越
　①権能の範囲
　　　内閣不信任決議権と予算先議権
　②議決の価値
　　　法律案の議決、予算の議決、条約の承認、内閣総理大臣の指名

ミニテスト

1　条約案は、先に衆議院に提出しなければならない。
解答　1　×　衆議院の先議権は、予算のみです。他にはありません。

8 | 内閣

内閣は、内閣総理大臣とその他の国務大臣で組織されます

Q 総辞職って何？

A 内閣が消滅することだよ。

議院内閣制

日本国憲法は議院内閣制を採用しています。次の規定から明らかです。

> 議院内閣制の主な条文
> ①内閣は、行政権の行使について、国会に対し連帯して責任を負う（66条3項）
> ②内閣は、衆議院で不信任決議をされたときは、衆議院を解散しない限り、総辞職をしなければならない（69条）
> ③内閣総理大臣は、国会議員の中から国会の議決で指名される（67条1項）
> ④国務大臣の過半数は、国会議員の中から選ばれなければならない（68条1項）

内閣の組織

内閣は、首長である内閣総理大臣とその他の国務大臣で組織される合議体です。つまり、内閣総理大臣（首長）＋その他の国務大臣＝内閣、です。

国務大臣は、内閣の構成員であると同時に、主任の大臣として、行政事務を分担管理するのが通例です。

内閣は、いつでも総辞職することができます。ただし、衆議院で内閣不信任の決議案が可決されたときに、10日以内に衆議院が解散されない場合などでは、必ず総辞職しなければなりません。なお、総辞職した内閣は、新たに内閣総理大臣が任命されるまで、引き続きその職務を行います。

内閣の権能と責任

内閣は広範な行政権を行使しますが、主要なものは、憲法73条が定めています。

法律の誠実な執行と国務の総理	国務の総理は、内閣の権能であることに注意
外交関係の処理	条約締結以外の外交事務も内閣が処理する
条約の締結	国会の承認が必要
官吏に関する事務の掌理	官吏とは「国の行政権」の活動に従事する公務員
予算の作成と国会への提出	予算の成立には国会の議決が必要
政令の制定	行政機関が制定する命令のうち、政令は内閣が制定する

恩赦の決定	恩赦の認証は天皇が行う

内閣は、行政権の行使について、国会に対し連帯して責任を負います。内閣が国会に対して連帯責任を負うことの裏返しとして、国会は内閣を民主的にコントロールすることが可能になります。

内閣総理大臣

内閣総理大臣は、国会議員の中から国会の議決で指名し、天皇が任命します。内閣総理大臣に内閣の首長の地位を認め、他の国務大臣の長に位置するものとしています。

憲法が定める内閣総理大臣の権能には、次のものがあります。

国務大臣の任免権	国務大臣を任命し、罷免する
内閣の代表権	議案を国会に提出し、一般国務・外交関係について国会に報告し、行政各部を指揮監督する
法律・政令の署名および連署	法律・政令には主任の国務大臣が署名し、内閣総理大臣が連署する
国務大臣の訴追に対する同意権	国務大臣は、その在任中、内閣総理大臣の同意がなければ訴追（検察官の公訴の提起）されない
議院出席権	議案について発言するために、議院に出席することができる

議院内閣制
⇨内閣は、行政権の行使について、国会に対し連帯して責任を負う

ミニテスト

1 　内閣は、衆議院で内閣不信任の決議案が可決されたときに、10日以内に衆議院を解散しない場合でも、総辞職しなければならないわけではない。

解答　1 ×　この場合には、必ず総辞職しなければなりません。

9 | 裁判所

裁判所には、最高裁判所と下級裁判所があります

Q 特別裁判所は許されるの？

A 禁止されているよ。

司法権

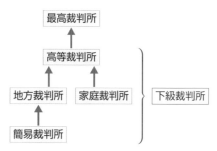

日本国憲法は民事・刑事・行政事件のすべての裁判を司法権として、これを裁判所に属するものとしています。司法権を行使する裁判所は、最高裁判所と下級裁判所で、これを司法裁判所または通常裁判所といいます。

司法権とは、①具体的な争訟について、②法を適用することによってそれを解決する国家作用です。この2つの要件を備えるものを「法律上の争訟」（裁判所法3条）といいます。したがって、「法律上の争訟」に当たらないものには、裁判所の審査権は及びません。例えば、具体的な争訟でない場合、つまり、当事者間の具体的な権利義務ないし法律関係の存否に関する紛争でない場合です。具体例は、単なる

学問上・技術上の論争です。よって、国家試験における合格・不合格の判定などは、裁判の対象になりません。

裁判所の組織

司法権は通常の司法裁判所が行使するので、特別裁判所を設置することはできません。また、行政機関は、終審として裁判を行うことができません。

①特別裁判所

司法権を行う通常裁判所の系列から独立して設けられる裁判機関という意味です。家庭裁判所は、司法権を行う通常裁判所の系列に属する下級裁判所なので、禁止される特別裁判所ではありません。なお、国会に設けられる弾劾裁判所は特別裁判所に当たりますが、これは憲法自身が認める例外です。

②終審

審級制の一番最後の審級をいいます。禁止されているのは行政機関が終審として裁判を行うことなので、行政機関が裁判所の裁判の前審として裁判（争訟を裁断する行為のこと）を行うことはできません。例えば、行政機関が

審査請求に対して裁決を下すようなことは禁止されません。

裁判の公開

　裁判の公正を確保するために、裁判の対審および判決は、公開法廷で行います。ただし、対審については、例外として非公開とすることが許される場合もあります。

　「公開」とは、傍聴の自由を認めることです。「対審」とは、裁判官の面前で当事者が口頭で主張・立証することをいい、民事訴訟における口頭弁論および刑事訴訟における公判手続が具体例です。「判決」とは、裁判所の行

う判断のうちで、当事者の申立ての本質にかかわる判断をいいます。

裁判官の身分保障

　憲法では、裁判官の身分保障として、裁判官は、①心身の故障による執務不能の裁判の場合、②公の弾劾（弾劾裁判）の場合、③最高裁判所の裁判官は、さらに国民審査による場合以外には罷免されません。最高裁判所裁判官については、特に国民審査の制度が設けられており、衆議院議員総選挙の際、国民審査に付し、投票者の多数が罷免を可とするときは罷免されます。

裁判官の罷免事由
　　①執務不能の裁判
　　②弾劾裁判
　　③国民審査（最高裁判所裁判官のみ）

- - - - - ミニテスト - - - - -

1　最高裁判所の裁判官は、心身の故障による執務不能の裁判と弾劾裁判の場合以外に罷免されることはない。

解答　1　×　最高裁判所の裁判官は、国民審査により罷免されることもあります。

10 | 違憲審査権

裁判所には、法律などの合憲・違憲を審査判断する違憲審査権があります

Q 下級裁判所も、法律の違憲審査ができるの？

A できるよ。

違憲審査権の性格

憲法81条は、「最高裁判所は、一切の法律、命令、規則または処分が憲法に適合するかしないかを決定する権限を有する終審裁判所である」として、裁判所に違憲審査権を認めています。

違憲審査権の性格には、大別して次の2つがあります。

抽象的審査制 （ドイツが典型）	特別に設けられた憲法裁判所が、具体的な事件と関係なく抽象的に違憲審査を行う方式
付随的審査制 （アメリカが典型）	通常の裁判所が、具体的な事件を裁判する際にその前提として事件の解決に必要な限度で適用される法令の違憲審査を行う方式

日本の場合、**付随的審査制説**をとるのが通説・判例です。

最高裁判所は、（自衛隊の前身である）警察予備隊が合憲か違憲かが抽象的に争われた事件で、次のように抽象的審査ではなく付随的審査であると判示しています。

判例

警察予備隊違憲訴訟

（最大判昭27・10・8）

わが裁判所が現行の制度上与えられているのは司法権を行う権限であり、そして司法権が発動するためには具体的な争訟事件が提起されることを必要とする。わが裁判所は具体的な争訟事件が提起されないのに将来を予想して憲法およびその他の法律、命令等の解釈に対し存在する疑義論争に関し抽象的な判断を下すごとき権限を行いうるものではない。

違憲審査権の主体

81条が「最高裁判所は」としていることから、一見、最高裁判所のみに与えられているようにも読めますが、下級裁判所も事件を解決するのに必要である限り、違憲審査権を行使できます。

判例も、憲法は違憲審査権については最高裁判所が終審裁判所でなければならないとしているのみであって、下級裁判所も審査権を有するとしています。

違憲審査権の対象

違憲審査の対象となるのは「一切の法律、命令、規則又は処分」です。

条例はここに列挙されていませんが、一切の国内法が対象となることから、条例も対象となります。

特に争われているのは、条約の違憲審査です。通説・判例は、憲法が条約に優位するという立場（憲法優位説）をとるので、条約に対する違憲審査が可能か否かが問題になります。判例は、次のように判示しているので、条約に対する違憲審査の可能性を認めています。

> 判例
>
> **砂川事件（最大判昭34・12・16）**
> 日米安全保障条約は、高度の政治性を有するものであって、司法裁判所の審査には、原則としてなじまない性質のものであり、一見極めて明白に違憲無効であると認められない限りは、裁判所の審査権の範囲外のものである。

違憲判決の効力

裁判所がある法律を違憲無効と判示した場合に、その法律の効力はどうなるかという問題です。

通説は、当該事件に限って、その法律の適用が排除されるとする個別的効力説です。

違憲審査権
　性格→付随的違憲審査制
　主体→最高裁判所＋下級裁判所
　効力→個別的効力

ミニテスト

1　裁判所は、具体的な事件が提起されなくても、法律等に関して抽象的な判断を下すことができる。
2　最高裁判所だけでなく、下級裁判所も、違憲審査権を行使することができる。

解答　1　× 抽象的な判断を下すことはできません。　2　○

11 財政

財政のテーマでは、租税法律主義と予算の２つが特に重要です

Q 公金を宗教団体に支出してもいいの？

A 禁止されているよ。

財政民主主義

憲法は、国の財政を処理する権限は、国会の議決に基づいて行使しなければならないとして、財政について国会のコントロールを強く認めています。

①租税法律主義

新たに租税を課したり、現行の租税を変更するには、法律または法律の定める条件によることを必要とします。租税は国民に対して直接負担を求めるものなので、国民の代表機関である国会が定めた法律によらなければならないとする租税法律主義の原則です。

ここで「租税」とは、国または地方公共団体が、その使用する経費に充てるために強制的に徴収する金銭給付をいいます。所得税、法人税などが典型例です。

②国費支出・国の債務負担

国費を支出したり、国が債務を負担するには、国会の議決に基づくことを必要とします。

③公金支出の禁止

公金その他の公の財産の支出は、国民の負担に関係するものだから、適正に管理され、民主的にコントロールされることが必要です。そこで、憲法89条は、「公金その他の公の財産は、宗教上の組織若しくは団体の使用、便益若しくは維持のため、又は公の支配に属しない慈善、教育若しくは博愛の事業に対し、これを支出し、又はその利用に供してはならない」と定めています。

本条前半は、宗教上の組織・団体への公金の支出を禁止することで、政教分離の原則を、財政面つまりお金の面から保障することを目的としています。また、後半は、公財産の濫費を防止することを目的としています。

④財政状況の報告

内閣は、国会および国民に対し、定期に、少なくとも毎年１回、国の財政状況について報告しなければなりません。

予算

国の収入支出は、予算という形で提出され、審議・議決されます。予算とは、一会計年度における国の財政行為

の準則（ルール）です。

内閣は、毎会計年度の予算を作成し、国会に提出して、その審議を受け議決を経なければなりません。予算の作成と国会への提出権は、内閣にありますが、予算を審議し、議決するのは国会です。

①予算の法的性格

通説は、予算は、法律とは異なる特殊の法形式だとします（**予算法形式説**）。法律と違って、予算が政府を拘束するのみであること、効力が一会計年度に限られていること、内容的に計算のみであることからです。

また、予算修正の可否について、減額修正はもとより増額修正もできるとします（肯定説）。財政について国会を中心とする財政民主主義からは、増額修正も内閣の予算提出権を侵害しないからです。ただし、予算の同一性を損うような大修正はできません（限界説）。

②決算

国の収入支出の**決算**は、すべて毎年会計検査院がこれを検査し、内閣は、次の年度に、その検査報告とともに、国会に提出しなければなりません。決算は、まず、会計検査院が検査します。次に、検査をした会計検査院ではなく、内閣が国会に提出します。

租税法律主義⇨新たに租税を課したり、現行の租税を変更するには、法律または法律の定める条件によることが必要

予算⇨内閣は、毎会計年度の予算を作成し国会に提出して、その審議を受け議決を経なければならない

ミニテスト

1　内閣は、毎会計年度の予算を作成し、国会に提出して、その審議を受け議決を経なければならない。

解答　1　○

12 | 罪刑法定主義

犯「罪」と「刑」罰は、法で定めなければなりません

> **Q** 刑法の犯罪って、例えば何？
>
> **A** 殺人罪や窃盗罪だよ。

刑法

刑法は、犯罪と刑罰に関する法です。

殺人罪、窃盗罪などの犯罪論と、死刑、懲役、禁錮、罰金などの刑罰論からなります。

刑罰とは、犯罪に対する法律上の効果として、行為者に科せられる法益（法が保護する利益のことです）のはく奪、制裁を内容とした処分をいいます。死刑は、生命を奪う刑罰＝生命刑です。懲役や禁錮は、身体の自由を奪う刑罰＝自由刑です。なお、将来的には懲役と禁錮は一本化され、拘禁刑となります（施行は令和7年の見込み）。懲役は所定の作業（刑務作業）を行わせるもので、行わせない禁錮と区別されます。懲役と禁錮には無期と有期があり、有期は原則として1月以上20年以下と定められています。罰金は、財産を奪う刑罰＝財産刑です。刑法は原則として1万円以上の財産刑を罰金としています。

罪刑法定主義の意義

罪刑法定主義とは、「法律なければ刑罰なし、法律なければ犯罪なし」といわれる近代刑法の大原則です。一定の行為を犯罪としてこれに刑罰を科するためには、あらかじめ成文法の規定が存在しなければならないとするものです。

刑法における人権保障機能を全うさせるために必要とされる原則で、刑罰権の恣意的な発動を防止して、適正な処罰を確保することを目的とします。わが国でも、法定手続の保障を定めた憲法31条や事後法による遡及処罰の禁止を定めた憲法39条によって採用されています。

罪刑法定主義の派生原則

罪刑法定主義から、次のような派生原則が導かれます。

①刑罰法規不遡及

行為後に施行された刑罰法規によって、施行前の行為を遡及的に処罰することは許されません。

憲法39条が、何人も、実行の時に適

法であった行為については、刑事上の責任を問われないことを定めています。

②慣習刑法排除

刑罰法規の法源は成文の法律であり、成文化されていない慣習法は、刑法の直接の法源となりません。

③類推解釈禁止

明文で規定されていない事項に、他の類似する規定を類推解釈して適用することは原則として許されません。

④絶対的不定期刑禁止

裁判所が、刑期をまったく定めずに言い渡す絶対的不定期刑は許されません。

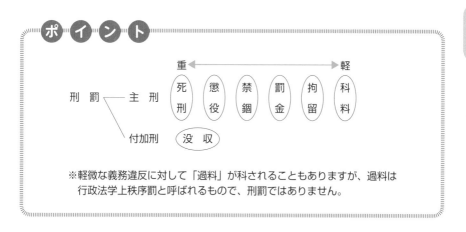

ポイント

| 刑罰 | 主刑 | 重 ←――――――――→ 軽 死刑 懲役 禁錮 罰金 拘留 科料 |
| | 付加刑 | 没収 |

※軽微な義務違反に対して「過料」が科されることもありますが、過料は行政法学上秩序罰と呼ばれるもので、刑罰ではありません。

ミニテスト

1　明文で規定されていない事項に、他の類似する規定を類推適用することは原則として許されない。

2　裁判所が、一定の長期および短期を定めて言い渡す相対的不定期刑は許されない。

解答　1　○　2　×　許されないのは、絶対的不定期刑です。

13 | 違法性阻却

正当防衛と緊急避難の２つがとくに重要です

Ⓠ **違法性の阻却ってどういう意味？**

Ⓐ **違法じゃなくなるってことだよ。**

法令行為・正当業務行為

刑法35条は、「法令又は正当な業務による行為は、罰しない」と規定しています。

法令による行為とは、警察官による逮捕など、正当な業務による行為とは、医師による手術などです。

正当防衛

刑法36条１項は、「急迫不正の侵害に対して、自己又は他人の権利を防衛するため、やむを得ずにした行為は、罰しない」として、正当防衛について規定しています。

例えば、Aに殴られそうになったBが、相手であるAを殴ったような場合です。

①急迫不正の侵害

急迫とは、法益侵害の危険が目前に迫っていることです。したがって、将来の侵害に対する先制的、予防的攻撃や、過去の侵害に対する事後的反撃は、この要件を満たしません。

不正とは、侵害行為が違法なものであることです。

②自己又は他人の権利を防衛するため

防衛するためという、防衛の意思が必要です。したがって、相手の侵害行為を契機として、積極的に攻撃を加える意思や、もっぱら報復の意思に基づく行為は、この要件を満たしません。

③やむを得ずにした行為

当該行為がその権利防衛のために必要で、かつ相当なものであることを意味します。

なお、相当性を欠くときは、過剰防衛になって、違法性は阻却されませんが、情状により刑を減軽、免除できます。

緊急避難

刑法37条１項本文は、「自己又は他人の生命、身体、自由又は財産に対する現在の危難を避けるため、やむを得ずにした行為は、これによって生じた害が避けようとした害の程度を超えなかった場合に限り、罰しない」として、緊急避難について規定しています。

例えば、Aに殴られそうになったので、Bが逃げるために、隣にいたCを

突き飛ばしてしまったような場合です。

①自己又は他人の法益に対する現在の危難

現在とは、法益に対する実害または危険が目前に切迫している状態をいいます。

②現在の危難を避けるため

現在の危難を避ける、避難の意思が必要です。

③やむを得ずにした行為

当該行為がその危難を避けるための唯一の手段で、他にとるべき方法がなかったことを意味します。緊急避難の行為は、正当防衛のような「不正」に対する行為ではないため、正当防衛よりも、成立要件が厳しくなっています。

なお、相当性を欠くときは、過剰避難となり、違法性は阻却されませんが、情状により刑を減軽、免除できます。

④法益の均衡

守るべき法益が犠牲にする法益より大きいか、少なくとも同等であることが必要です。これも、正当防衛より要件が厳しいです。

正当防衛と緊急避難の相違点

正当防衛	防衛行為が、その権利防衛のために必要で、かつ相当なものであればよい（「不正」に対する行為だから）
緊急避難	避難行為が、その危難を避けるための唯一の手段で、他にとるべき方法がなかったこと、また、守るべき法益が犠牲にすべき法益より大きいか、同等であることが要求される

ミニテスト

1 自己または他人の生命、身体、自由または財産に対する現在の危難を避けるため、やむを得ずにした行為は、たとえ、これによって生じた害が避けようとした害の程度を超えた場合であっても罰しない。

解答 1 × 生じた害が避けようとした害の程度を超えなかった場合に限り罰しない、が正しい内容です。

14 | 責任

殺人罪のような、故意犯がとくに重要です

Q 未必って、何て読むの？

A 「みひつ」だよ。

責任主義

刑法では、「責任なければ刑罰なし」という責任主義の原則がとられています。したがって、心神喪失者の行為は罰しないとされ、責任無能力者は刑事責任を問われません。また、心身耗弱者の行為は、その刑を減軽するとされ、限定責任能力者は刑が減軽されます。

故意

①故意の要件

故意とは、罪を犯す意思のことです。

故意の成立には、行為者が構成要件に該当する事実を認識することが必要です。構成要件該当の事実とは、犯罪事実のことで、行為とその結果を意味します。

②未必の故意

故意は、未必の故意で足ります。行為者が、事実の発生を意欲はしないが、発生してもかまわないと認容した場合です。例えば、飲酒酩酊している者が、暗夜、多数の者が歩行する道路上で自動車を運転して歩行者に突き当てた場合には、暴行の未必の故意があると考えられます。

③錯誤

刑法の錯誤には、事実の錯誤と法律の錯誤の２つがあります。

まず、事実の錯誤とは、行為者が認識した事実と現実に発生した事実が一致しない場合をいいます。これには、客体の錯誤、方法の錯誤などがあります。客体の錯誤は、Ａだと思って殺したところ、実はＢであったように、行為の客体を取り違えた場合で、故意は阻却されません。故意があるとします。方法の錯誤は、Ａを射殺しようとしたところ、弾丸がそれてＢに命中したように、行為者の攻撃方法の食い違いが生じ、本来は予期していなかった客体に結果が生じた場合で、原則として故意は阻却されません。

次に、法律の錯誤とは、行為者が錯誤によって、自己の行為が法律上許されないことを知らない場合、または自己の行為が法律上許されていると誤信する場合をいいます。例えば、首輪をはめていない犬は、たとえ他人の飼い

犬であっても殺してよいのだと思って、殺したような場合です。故意の成立に違法性の意識は不要であり、法律の錯誤は故意を阻却しないことになります。

事実の錯誤	行為者が認識した事実と現実に発生した事実が一致しない場合
法律の錯誤	行為者が錯誤によって自己の行為が法律上許されないことを知らない場合、自己の行為が法律上許されていると誤信する場合

過失

①過失の要件

　刑法は、故意犯を処罰するのが原則なので、過失犯が処罰されるのは、過失致死罪（刑法210条）のように、法律に特別な規定がある場合に限られます。

　過失の要件は、行為者に犯罪事実の認識がないことと、注意義務違反があることです。注意義務違反とは、意識を緊張させて結果の発生を予見し、それを回避する態度をとるべきだったのに、それを怠ったことです。

②業務上の過失

　業務上の過失とは、業務上過失致死傷罪（刑法211条）のように、行為者が業務上必要な注意を怠った場合です。

故意と過失の要件

故意	罪を犯す意思 →犯罪事実の認識（違法性の意識不要、判例）
過失	犯罪事実の認識なし＋注意義務違反あり

1　未必の故意とは、行為者が、事実の発生を意欲はしないが、発生してもかまわないと認容した場合をいう。
2　法律の錯誤とは、行為者が錯誤によって、自己の行為が法律上許されないことを知らない場合、または自己の行為が法律上許されていると誤信する場合をいう。

（解答）　1 ○　2 ○

15 | 個人的法益

個人的な法益のうち、まず財産罪以外の主な犯罪をみましょう

Q 人を教唆したり幇助して自殺させても犯罪になるの？

A なるよ。自殺関与罪（刑法202条）に該当するよ。

殺人罪

　人を殺した場合、殺人罪（刑法199条）が成立します。

　また、自殺関与罪（刑法202条）は、人を教唆（きょうさ：そそのかして）、幇助（ほうじょ：手伝って）自殺させたときに成立します。同意殺人罪（刑法202条）は、人の嘱託を受け、承諾を得て殺したときに成立します。

傷害罪

　傷害罪（刑法204条）の「傷害」とは、人の生理的機能を害することをいいます。薬物の使用などの暴行以外の方法による場合も含みます。

暴行罪

　暴行罪（刑法208条）の「暴行」とは、直接に人の身体に向けられた有形力の行使をいいます。

　なお、刑法における各犯罪の「暴行」の概念は、次のように4つの程度に分かれます。

	意味	具体例
最広義	すべての不法な有形力の行使	騒乱罪
広義	人に対する直接・間接の有形力の行使	公務執行妨害罪
狭義	直接に人の身体に向けられた有形力の行使	暴行罪
最狭義	人の反抗を抑圧する程度の有形力の行使	強盗罪

業務上過失致死傷罪

　業務上、必要な注意を怠り、それによって人を死傷させる犯罪です（刑法211条）。業務とは、社会生活上の地位に基づき反復継続して行われる、危険性のある行為をいいます。

名誉毀損罪

　名誉毀損罪（刑法230条1項）とは、公然と事実を摘示して、人の名誉を毀損（きそん）する犯罪です。

①保護法益

　外部的、社会的名誉としての人格的価値に対する社会の評価です。必ずしもその人の真価と合致するものでなく

てもかまいません。

②公然・事実の摘示

　公然とは、不特定または多数人が認識することができる状態をいいます。直接の相手方が特定、少数でも、そこから伝播する可能性があれば、この要件を満たします。

　事実の摘示とは、特定人の社会的評価を害するに足りる事実を、ある程度具体的に示すことをいいます。事実は、必ずしも非公知でなくてもよく、また、その真否を問いません。

　これに対し、「バカだ！」など、表示された内容が抽象的な人格的評価にとどまる場合には、名誉毀損罪ではなく侮辱罪（刑法231条）が成立します。

　また、死者に対する名誉毀損罪は、虚偽の事実を公然と摘示することで成立します。

③事実の証明

　名誉毀損罪の例外として、摘示事実が公共の利害に関するものであって、摘示目的がもっぱら公益を図ることにあった場合などでは、真実であることが証明されたときは処罰されません。

 ポイント

名誉毀損罪
　保護法益
　　⇨外部的、社会的名誉としての人格的価値に対する社会の評価
　公然
　　⇨不特定または多数人が認識できる状態
　事実の摘示
　　⇨特定人の社会的評価を害するに足りる事実を、ある程度具体的に示す

ミニテスト

1　暴行罪における「暴行」とは、直接に人の身体に向けられた有形力の行使をいう。
2　事実の摘示とは、特定人の社会的評価を害するに足りる事実を、ある程度具体的に示すことをいう。

 解答　1 ○　2 ○

16 財産罪

次に、個人的法益のうち、窃盗罪などの財産罪をみましょう

Q 強盗罪の暴行は、どの程度？

A 反抗を抑圧するレベルだよ。

窃盗罪

窃盗罪（刑法235条）は、他人の財物を窃取する犯罪です。いわゆるドロボウです。保護法益について、判例は、所有権を中心としつつ、平穏に維持されている事実上の物に対する支配（占有・所持）も含ませています。

①客体

窃盗罪の客体は、他人の「占有」する他人の物です。一時的に現実の握持を離れても、なお物が権利者の事実上の支配内にあると認められるときは、権利者に占有があります。梱包、封緘された物については、内容物の占有は委託者にあります。しかし、商店の店員等の占有補助者には、占有がないとされる場合が通常です。

②着手時期と既遂時期

着手時期は、原則として物色行為開始時です。既遂時期は、他人の占有を侵して財物を自己の占有に移した時です。

強盗罪

強盗罪（刑法236条）は、暴行・脅迫を用いて他人の財物を強取し、または財産上不法な利益を得る犯罪です。

①暴行・脅迫

強盗罪の暴行・脅迫は、相手方の反抗を抑圧するに足りる程度であることを要し、この程度に達しない場合には、恐喝罪（刑法249条）になります。必ずしも財物の所持者、利益の提供者に対して加えられることを要せず、単なる看守者等の財物奪取の障害となる者に対して加えられた場合でもかまいません。

暴行・脅迫を加え、相手方の反抗を抑圧した状態で財物を奪うのが原則的な形態ですが、財物奪取に着手した後、被害者を抑圧するために暴行・脅迫を加えた場合も強盗罪になります。

②事後強盗罪・強盗致死傷罪

事後強盗罪（刑法238条）は、窃盗犯人が、逮捕を免れたり、罪跡を隠滅したり等の目的のために、暴行・脅迫をする犯罪です。暴行・脅迫は、窃盗行為との時間的、場所的接着性が必要です。

強盗致死傷罪（刑法240条）は、強盗犯人が、人を負傷または死亡させる

犯罪です。死傷の結果は、強盗の機会に、犯人の行為から生じたものであれば足ります。

詐欺罪

詐欺罪（刑法246条）は、人を欺いて財物を交付させ、または財産上不法な利益を得る犯罪です。

①人を欺く行為

相手方を錯誤に陥らせることです。相手方の錯誤を利用する場合も含みます。相手方に財産的処分行為をさせるようなものであることが必要です。相手方は、財産的処分行為をなしうる能力・権限を有する者です。

②処分行為

任意になされる財物の交付、利益の提供などを意味します。これがなければ、詐欺罪は成立しません。

横領罪

横領罪（刑法252条）は、自己の占有する他人の物などを横領する犯罪です。

①横領

消費や着服等の事実的処分をすることと、売買や贈与等の法律的処分をすることです。

②委託物

自己の「占有」する他人の物のことです。この占有には、事実的支配と、法律的支配を含みます。例えば、不動産の占有は、登記簿上の名義人にあるのが原則です。

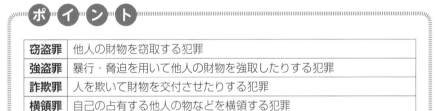

ポイント

窃盗罪	他人の財物を窃取する犯罪
強盗罪	暴行・脅迫を用いて他人の財物を強取したりする犯罪
詐欺罪	人を欺いて財物を交付させたりする犯罪
横領罪	自己の占有する他人の物などを横領する犯罪

ミニテスト

1　事後強盗罪は、窃盗犯が、一定の目的のために、暴行・脅迫をする犯罪である。

 解答　1　○

17 社会的法益

社会的な法益では、放火罪と文書偽造罪をみましょう

Q 放火罪は、いつ既遂になるの？

A 放火された物が、独立して燃焼を開始した時だよ。

放火罪

放火罪（刑法108条、109条、110条）は、放火して、建造物などを焼損する犯罪です。

①客体

放火罪の客体は、第1に、現住建造物等です。現住建造物とは、人が住居に使用している建造物をいいます。建造物の一部が住居に使用されていれば足り、また、放火の時点で人が不在でもかまいません。その他、現に人がいる建造物、電車、艦船などです。

第2に、非現住建造物等です。非現住建造物とは、人が住居にせず、かつ、現に人がいない建造物をいい、倉庫などです。

第3に、建造物等以外で、自動車などです。

```
放火罪の客体
  ①現住建造物等
  ②非現住建造物等
  ③建造物等以外
```

②着手時期と既遂時期

放火罪の着手時期は、目的物に直接点火した時、または導火材料が燃焼作用を継続できる状態に達した時です。

放火罪が既遂となる「焼損」とは、目的物が独立して燃焼を開始した時です（独立燃焼説）。

③公共の危険

自己所有の非現住建造物等および建造物等以外に対する放火罪は、公共の危険が具体的に発生しなければ成立しません。公共の危険とは、不特定または多数人の生命、身体、財産に脅威を及ぼす状態のことです。

文書偽造罪

文書偽造罪（155条、159条等）は、行使の目的で、公文書や私文書を偽造したり、虚偽文書を作成する犯罪です。

保護法益は、文書に対する公共の信用です。文書に対する公共の信用が害される危険が生じれば足ります。

①行使の目的

行使とは、偽造、変造、虚偽記載のある文書を、真正なものとして使用することです。

②公文書と私文書

　公文書とは、公務所または公務員が、その名義をもって、その権限内において作成すべき文書です。

　これに対し、**私文書**とは、他人の権利義務または事実証明に関する文書です。

③偽造と虚偽文書の作成

　偽造とは、作成権限のない者が、他人名義で文書を作成することをいいます。したがって、代理権・代表権のある者が、その権限の範囲内で権限を濫用して本人名義の文書を作成した場合は、偽造になりません。

　これに対し、**虚偽文書の作成**とは、作成権限のある者が、内容が虚偽の文書を作成することをいいます。

偽造	作成権限のない者が、他人名義で文書を作成
虚偽文書作成	作成権限のある者が、内容が虚偽の文書を作成

放火罪	放火して、建造物などを焼損する犯罪
文書偽造罪	行使の目的で、公文書・私文書の偽造や虚偽文書を作成する犯罪

ミニテスト

1　非現住建造物とは、人が住居にせず、かつ、現に人がいない建造物をいう。

2　放火罪が既遂となる「焼損」とは、目的物が独立して燃焼を開始した時である。

3　公文書とは、公務所または公務員が、その名義をもって、その権限内において作成すべき文書である。

4　文書の偽造とは、作成権限のある者が、内容が虚偽の文書を作成することをいう。

解答　1　○　2　○　3　○

　　　　4　× 作成権限のある者が、内容が虚偽の文書を作成するのは、虚偽文書の作成です。作成権限の有無で、偽造と区別します。注意しましょう。

18 | 国家的法益

国家的な法益では、公務執行妨害罪と賄賂（わいろ）罪をみましょう

Q 賄賂って、お金をもらうことだけ？

A 違うよ。

公務執行妨害罪

公務執行妨害罪（刑法95条）は、公務員が職務を執行するに当たり、これに対して暴行・脅迫を加える犯罪です。

①公務員

公務員とは、国または地方公共団体の議員、委員、職員をいいます。

②職務を執行

職務は、適法でなければなりません。適法とは、その行為が、当該公務員の具体的権限に属すること、定められた重要な手続、方式に従っていることなどを要します。

執行には、現実に職務執行中の場合に限らず、執行に密接する準備行為や待機中の状態も含みます。

③暴行・脅迫

公務執行妨害罪の「暴行」は、公務員に向けられた有形力の行使です。必ずしも直接に公務員の身体に加えられる必要はなく、直接には物に加えられた有形力でも、それが公務員の身体に物理的に感応しうるもの（間接暴行）で足ります。例えば、公務員の乗っている自動車をたたくなどです。他罪との関係では、暴行罪・脅迫罪は、本罪に吸収されます。

なお、暴行概念については、前述した暴行罪の図表を参照してください。

賄賂罪

収賄罪（刑法197条）は、公務員が、その職務に関し、賄賂を収受・要求・約束する犯罪です。

贈賄罪（刑法198条）は、公務員に、その職務に関し、賄賂を供与・申込み・約束する犯罪です。

保護法益は、公務の公正とそれに対する社会の信頼です。したがって、職務行為の正・不正を問わずに、職務行為に対する報酬の授受があれば、賄賂罪は成立します。

①賄賂

賄賂とは、職務に関して、その対価として授受された人の需要を満たす一切の利益をいいます。つまり、金品に限らず、地位の提供や異性間の情交なども含みます。たとえ、中元や歳暮などの社会的儀礼の形式をとっていても、それが職務行為と対価関係にある

限り、賄賂となります。

②職務に関し

　職務には、公務員の一般的職務権限に属する行為のほかに、職務と密接な関係を持つ行為も含まれます。

③収賄罪

　収受は、現に賄賂を受け取ること、要求は、相手方に対し賄賂の供与を求めることです。

　供与は、賄賂を相手方に受け取らせること、申込みは、相手方に収受を促すことです。

　そして、約束とは、贈収賄当事者間の賄賂授受の合意のことです。

③収賄罪の加重類型

　受託収賄罪（刑法197条1項後段）は、公務員が請託、すなわち特定の職務を行うことの依頼を受けた場合です。

　加重収賄罪（刑法197条の3第1項）は、賄賂を受けた公務員が、不正な行為をしたり、相当な行為をしなかった場合です。

ポイント

公務執行妨害罪	公務員が職務を執行するに当たり、これに対して暴行・脅迫を加える犯罪
賄賂罪	収賄罪は、公務員が、その職務に関し、賄賂を収受・要求・約束する犯罪 贈賄罪は、公務員に、その職務に関し、賄賂を供与・申込み・約束する犯罪

ミニテスト

1　公務執行妨害罪の「暴行」は、必ずしも直接に公務員の身体に加えられる必要はなく、直接には物に加えられた有形力でも、それが公務員の身体に物理的に感応しうるものであればよい。

2　賄賂とは、職務に関して、その対価として授受された人の需要を満たす一切の利益をいうので、金品に限らず、地位の提供や異性間の情交も含まれる。

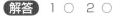 解答　1 ○　2 ○

19 ｜ 行政組織

行政庁といっても、官庁や役所のことではありません

Q 行政庁って何のこと？

A 大臣や知事・市町村長などのことだよ。

行政主体

行政主体とは、行政上の法的効果、つまり権利・義務が帰属するところをいいます。国・地方公共団体（都道府県・市町村・特別区）がこれに当たります。公法人として、権利能力を有します。

行政機関

行政機関とは、行政主体のために行政活動を行う地位に立つ自然人またはその集まりのことをいいます。行政機関は、行政主体のために権限を行使しますので、その権限行使の効果は、当該行政機関にではなく、行政主体に帰属することになります。権限によって、以下のように分類できます。

①行政庁

行政庁とは、行政主体の意思または判断を決定し、私人に表示する権限を持つ行政機関をいいます。具体的には、各省大臣、知事・市町村長などです。

　原則として、1人だけの独任制が採られていますが、合議制の行政庁もあ

ります。例えば、人事院、公正取引委員会などです。

②補助機関

補助機関とは、行政庁の内部部局の機関として行政庁の意思や判断の決定を補助する行政機関をいいます。具体的には、各省事務次官、副知事・副市長などです。

③執行機関

執行機関とは、私人に対し実力行使する権限を持つ行政機関をいいます。具体的には、警察官、消防官などです。

④諮問機関

諮問（しもん）**機関**とは、行政庁の諮問に応じて意見を述べる行政機関をいいます。具体的には、選挙制度審議会などです。この諮問機関の意見（答申）は、行政庁を法的に拘束しません。

⑤参与機関

参与機関とは、行政庁の意思または判断の決定に参与する行政機関をいいます。具体的には、電波法による審査請求に関する電波監理審議会などです。参与機関の意見は行政庁を法的に

拘束します。

⑥監査機関

監査機関とは、他の行政機関の事務処理を監査する権限を持つ行政機関をいいます。具体的には、会計検査院、監査委員などです。

行政機関相互の関係

①権限分配の原則

権限は法律によってその権限を割り当てられた行政庁によって行使されなければならないのが原則です。

②指揮監督の原則

権限行使において、上級行政庁に、下級行政庁に対する指揮監督権が認められるという原則です。

ポイント

行政庁	行政主体の意思・判断を決定し、私人に表示する権限を持つ行政機関 ex.各省大臣、知事・市町村長
補助機関	行政庁の内部部局の機関として行政庁の意思・判断の決定を補助する行政機関 ex.各省事務次官、副知事・副市長
執行機関	私人に対し実力行使する権限を持つ行政機関 ex.警察官、消防官
諮問機関	行政庁の諮問に応じて意見を述べる行政機関 ex.選挙制度審議会
参与機関	行政庁の意思または判断の決定に参与する行政機関 ex.電波法による審査請求に関する電波監理審議会
監査機関	他の行政機関の事務処理を監査する権限を持つ行政機関 ex.会計検査院、監査委員

ミニテスト

1 諮問機関とは、行政庁から諮問を受けて意見を述べる行政機関で、その答申が行政庁の意思を拘束するものである。

解答 1 × 諮問機関の答申は行政庁を拘束しません。

20 行政行為

行政行為は、ズバリ「お上の命令」というイメージです

Q 行政行為の例って例えば何？

A 税金の賦課徴収だよ。

意義

行政行為とは、各種行政活動の中で、行政庁により、具体的事実を規律するために、一般市民に対して優位的立場に基づいて一方的に行われる、直接の法的効果を生じさせる行為、を指す講学上（学問上）の用語です。一方的に義務を課したりします。法令上は、行政庁の処分、行政処分などと呼ばれます。行政立法や行政指導（後述します）などは、行政行為ではありません。

典型例は、租税の賦課徴収です。税金のように、場合によっては、相手方である国民の意思にかかわらず、行政庁の一方的判断で、国民に命令を強制するという権力的な手段で権利義務を設定する権能が与えられています。

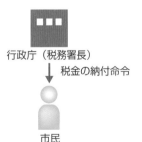

行政庁（税務署長）

税金の納付命令

市民

行政行為の効力

行政行為には、以下のような特別な効力、つまり強いパワーが認められています。

①公定力

公定力とは、行政行為にたとえ瑕疵（重大かつ明白な瑕疵を除く）があっても、権限のある行政機関または裁判所が取り消すまでは、一応有効として扱われる効力をいいます。お上の行為なので、とりあえず、逆らうな、認めるぞ、有効だ……とする力です。

ただし、重大かつ明白な瑕疵のある行政行為は、当然に無効な行政行為となります。

②不可争力

不可争力とは、行政行為に瑕疵（重大かつ明白な瑕疵を除く）があっても、一定期間（不服申立期間または出訴期間）が経過すると、「相手方や利害関係人」からは、もはやその行政行為の効力を争うことができなくなる効力をいいます。

一定期間が経過した後であっても、行政庁が職権に基づき自発的に取り消

すことはできます。

③不可変更力

不可変更力とは、一度行った行政行為の効力を、「行政庁」自らが取り消したり、変更することができなくなる効力をいいます。

この不可変更力は、行政不服審査法に基づく審査請求の裁決などの争訟裁断的行政行為には認められますが、他の行政行為にも認められるわけではありません。つまり、すべての行政行為に認められるわけではない点に注意してください。

似て非なる②と③の用語は、主語と

キーワードで、次のように区別できます。

```
私人が、争えなくなる
            →不可争力
行政庁が、変更できなくなる
            →不可変更力
```

④自力執行力

自力執行力とは、民法などと異なり、行政庁自らが、裁判所の力を借りずに、行政行為の内容を強制的に実現＝執行できる効力をいいます。この執行力も、すべての行政行為に認められるわけではありません。

ポイント

公定力	行政行為にたとえ瑕疵（重大かつ明白な瑕疵を除く）があっても、権限のある行政機関・裁判所が取り消すまでは、一応有効として扱われる効力
不可争力	行政行為に瑕疵（重大かつ明白な瑕疵を除く）があっても、一定期間が経過すると、相手方や利害関係人からは、その行政行為の効力を争うことができなくなる効力
不可変更力	一度行った行政行為の効力を、行政庁自らが取り消したり、変更することができなくなる効力
自力執行力	行政庁自らが、行政行為の内容を強制的に実現できる効力

ミニテスト

1　行政行為は不可争力を有するから、行政行為に瑕疵がある場合でも、一定の期間の経過後は、行政庁は、当該行政行為を取り消すことはできない。

解答　1　×　不可「争」力があっても、行政庁は取り消すことができます。

21 | 行政行為以外

行政行為以外で、特に重要な行政庁の活動をみましょう

Q **行政指導の例って例えば何？**

A 災害の際の避難勧告だよ。

行政立法

①意義

　行政立法とは、行政が法を定立することなので、行政機関が一般的・抽象的定めを制定すること、または、行政機関により制定された一般的・抽象的定め自体のことをいいます。憲法では「命令」と呼んでいます。

　なお、法律用語で「一般的」とは誰に対しても、「抽象的」とはどんな事件に対しても、という意味です。

②分類

　まず、制定する機関によって、次のように分類されます。政令は合議体である内閣が作りますが、府令は内閣総理大臣が単独で作れることに注意です。

政令	内閣（＝政府）が制定する命令
内閣府令（府令）	内閣総理大臣が制定する命令
省令	各省大臣が制定する命令
外局規則	府・省の外局である各委員会、各庁の長官が制定する命令

　次に、効力によって、次のように分類できます。

> 法規命令（執行命令と委任命令）
> 　　↑ある
> 　　法規＝国民の権利義務を規律する効力が……
> 　　↓なし
> 行政規則（告示、訓令、通達など）

　法規命令とは、法規、すなわち国民の権利・義務を規律する効力を持つ行政立法をいいます。法規命令には、執行命令と委任命令の2種類があります。執行命令とは、法律や上位の命令の実施に必要な具体的細目を定める命令です。委任命令とは、法律や上位の命令の委任に基づいて発せられる命令です。

　これに対し、行政規則とは、法規ではない、すなわち国民の権利・義務を規律する効力を持たない行政立法をいいます。いわば、非法規命令です。告示、訓令、通達などがあります。告示とは行政機関が決定事項その他の事項を公に知らせることです。また、上級行政機関が下級行政機関の権限行使について、これを指揮するために発する

命令を一般に訓令といい、それが書面によるものを通達と呼びます。

行政指導

①意義

行政指導とは、行政機関が、行政上の目的を達成するために、相手方たる国民の同調・協力を求めて働きかける非権力的な事実行為をいいます。したがって、相手方に対して法的拘束力は生じません。法令上は、指導、勧告、助言などと呼ばれることが多いです。

なお、行政手続法という法律で、行政指導にも一定の法的規制が加えられており、同法での定義も規定されています。

②分類

次の3つに分類されます。

まず、規制的行政指導とは、相手方の行為を事実上抑制する行政指導をいいます。例えば、違法建築物の改修勧告、生産調整の勧告等です。これに従った場合には、行動が事実上抑制されることから、規制的行政指導が最も重要です。

次に、調整的行政指導とは、私人間の紛争解決のために行われる行政指導をいいます。例えば、高層マンション建設などをめぐる建築主と付近住民の間の紛争の解決・調整のための行政指導等です。

さらに、助成的行政指導とは、相手方に対して、助成・促進・保護などを目的として、何らかの利益を与える行政指導をいいます。例えば、職業指導、経営指導、保健指導等です。

規制的行政指導⇒相手方の行為を事実上抑制する行政指導
ex.違法建築物の改修勧告、生産調整の勧告

ミ ニ テ ス ト

1　行政指導は、非権力的な事実行為であるから、相手方に対する法的拘束力は生じない。

　1　○

22 | 行政事件訴訟法

行政の裁判に関する法律です

Ⓠ 行政事件訴訟の中心となるのは何？

Ⓐ 抗告訴訟だよ。

行政事件訴訟

違法な行政行為によって権利利益を侵害された者に対して、三権分立により行政権から中立な裁判所が、厳格な手続に従って権利利益の救済を図る制度として、行政事件訴訟の制度があります。

行政事件訴訟については、原則として、行政事件訴訟法の定めるところによります。ただし、他の法律に特別の定めがあればその法律の定めによります。また、行政事件訴訟に関し、行政事件訴訟法に定めがない事項については、民事訴訟の例によります。

行政事件訴訟法には、大別して、抗告訴訟、当事者訴訟、民衆訴訟、機関訴訟の4つの類型が定められています。

抗告訴訟

行政事件訴訟のうち、最も中心となるのは抗告訴訟です。抗告訴訟とは、行政庁の公権力の行使に関する不服の訴訟をいいます。「抗」議を「告」げる、という用語です。

この抗告訴訟は、処分の取消しの訴え、裁決の取消しの訴え、無効等確認の訴え、不作為の違法確認の訴え、義務付けの訴え、差止めの訴えの6つが法定されています。なお、処分の取消しの訴えと裁決の取消しの訴えを併せて、取消訴訟と呼びます。

①取消訴訟（処分の取消しの訴え・裁決の取消しの訴え）

処分の取消しの訴えは、行政庁の処分その他公権力の行使に当たる行為の取消しを求める訴訟です。

裁決の取消しの訴えは、審査請求その他の不服申立てに対する行政庁の裁決その他の行為の取消しを求める訴訟です。

②無効等確認の訴え

処分・裁決の存否あるいはその効力の有無の確認を求める訴訟です。

③不作為の違法確認の訴え

行政庁が、法令に基づく申請に対し、相当の期間内に何らかの処分などをすべきであるにもかかわらず、これをしないことについて違法の確認を求める訴訟です。

④義務付けの訴え

行政庁が一定の処分をすべきである

にもかかわらず、それがされない場合などに、行政庁にその処分をすべき旨を命じることを求める訴訟です。

⑤差止めの訴え

行政庁が一定の処分をすべきでないにもかかわらず、それがされようとしている場合に、行政庁がその処分をしてはならない旨を命じることを求める訴訟です。

当事者訴訟

対等な当事者間の権利にかかわる紛争についての訴訟です。当事者間の訴訟なので、当事者訴訟といいます。当事者訴訟は、公権力の行使に当たらない、対等な当事者間の権利・法律関係の争いなので、本来は民事訴訟法の適用があるべきものですが、若干の特殊性があるために行政事件訴訟法が適用されるものです。具体例として、公営住宅の明渡し訴訟や公務員の給与支払

請求訴訟があります。

民衆訴訟

国または公共団体の機関の違法な行為の是正を求める訴訟で、選挙人たる資格その他自己の法律上の利益にかかわらない資格で提起するものです。民衆が訴えるので、民衆訴訟といいます。具体例として、公職選挙法の選挙無効訴訟や地方自治法の住民訴訟があります。

機関訴訟

国または公共団体の機関相互間における権限の存否またはその行使に関する紛争についての訴訟です。機関相互の争いなので機関訴訟といいます。具体例として、地方議会の議決が法令に違反するかどうかにつき長と議会が対立したときに、最終的に裁判所に出訴する場合などがあります。

ポイント

行政事件訴訟の類型　　抗告訴訟、当事者訴訟、民衆訴訟、機関訴訟

  ミニテスト

1　処分の取消しの訴えは、行政事件訴訟法が定める抗告訴訟の1つである。

解答　1　○

23 ｜ 国家賠償法

国に対する損害賠償に関する法律です

Q 「公の営造物」の具体例は何？

A 道路や河川だよ。

公務員の不法行為

国家賠償法1条は、公務員がその職務を行う上で、違法に発生させた損害について、国または公共団体が負う賠償責任を定めたものです。1条1項では、「国又は公共団体の公権力の行使に当る公務員が、その職務を行うについて、故意又は過失によって違法に他人に損害を加えたときは、国又は公共団体が、これを賠償する責に任ずる」と規定しています。

①要件

「公権力の行使」とは、純然たる私経済活動（民法によって救済される）と公の営造物の設置管理作用（国家賠償法2条によって救済される）を除くすべての作用を指すと考えられています（広義説）。したがって、権力的作用としての行政行為のほか、非権力的な行政活動の行政指導も対象となります。また、作為だけでなく、不作為も含まれます。なお、純然たる私経済活動の例としては、国公立病院の医療過誤に関する責任などがあります。

本条の「公務員」とは、国家公務員法・地方公務員法でいう公務員という身分を必ずしも必要としません。民間委託なども含まれます。

「職務を行うについて」とは、客観的に職務執行の外形を備えていればよく、当該公務員に職務執行の意思は必要ありません（外形説）。例えば、警察官が非番の日に制服を着て、強盗を行った場合でも、職務を行うについてだと考えます。

公務員に「故意または過失」があることが必要です。公務員に故意または過失があればよく、国または公共団体が加害公務員の選任・監督につき相当の注意を怠らなくても、損害賠償責任を免れることはできません。

②賠償責任

賠償責任者は、国または公共団体です。したがって、国家賠償請求訴訟の被告は、国または公共団体です。

③求償権

被害者に賠償した国または公共団体は、公務員に故意または「重大な過失」があったときは、その公務員に対して求償権を有します。

公の営造物の設置・管理の瑕疵

同法2条は、公の営造物が通常有する安全性を欠いていたために発生した損害につき、設置者・管理者が所属する国または公共団体に賠償する責任を認めたものです。2条1項では、「道路、河川その他の公の営造物の設置又は管理に瑕疵があったために他人に損害を生じたときは、国又は公共団体は、これを賠償する責に任ずる」と規定しています。

①要件

「公の営造物」とは、直接公の目的に供される有体物（物的施設）をいいます。有体物であればよく、不動産に限られず、動産も含みます。具体例としては、道路、河川、空港、官公庁舎、国公立の学校の建物等に限らず、警察の公用車、拳銃なども含まれます。

「公の営造物の設置・管理の瑕疵」とは、通常有すべき安全性を欠いていることをいい、管理者の義務違反があったかどうかは問いません（無過失責任）。ただし、天災など不可抗力による場合は、免責されます。

②賠償責任

賠償責任者は、公の営造物を設置・管理している国または公共団体です。例えば、一級河川の洪水による被害の場合、河川管理者たる国土交通大臣が所属する国が賠償することになります。

1条と2条の要件

1条	①公権力の行使（広義説）②公務員③職務を行うについて（外形説）④故意・過失
2条	①公の営造物②設置・管理の瑕疵

1　国の公権力の行使に当たる公務員が、その職務を行うについて、故意または過失によって違法に他人に損害を加えたときは、国に賠償責任がある。

解答　1　○

24 地方自治法1

その名の通り、地方自治に関する法律です

Ⓠ 地方公共団体の組合には何があるの？

Ⓐ 一部事務組合と広域連合だよ。

地方公共団体の種類

地方公共団体は、普通地方公共団体と特別地方公共団体とに分けられます。さらに、普通地方公共団体は、都道府県と市町村の2段階・7種類に、特別地方公共団体は、特別区、地方公共団体の組合、財産区の3種類に分けられます。

①普通地方公共団体

ここでは「市」について、見てみましょう。

市となるべき普通地方公共団体は、人口5万以上などの要件を具えていなければなりません。さらに、地方自治法は、大都市を小さな市と区別し、大都市についての特例を設けています。指定都市、中核市の制度です。

指定都市は、人口50万以上であること、政令で指定されることなどの要件が必要です。横浜市、千葉市、さいたま市などです。指定都市は、その区域を分けて区を設けるものとされています。しかし、指定都市の区は、特別区（東京23区）と異なり、単なる行政区にすぎません。

中核市は人口20万以上などが要件です。

②特別地方公共団体

特別区とは、都の区をいいます。東京23区です。指定都市の区と異なり、法人です。

地方公共団体の組合とは、2つ以上の普通地方公共団体や特別区が、その事務を共同で処理するために設ける複合的な地方公共団体です。組合を構成する地方公共団体とは別個独立の法人です。一部事務組合と広域連合の2つがあります。

一部事務組合とは、普通地方公共団体や特別区の「事務の一部」を共同処理するための組合です。市町村が区域の境に学校、用排水施設などを共同で設営するような場合です。

広域連合とは、普通地方公共団体や特別区の事務で、「広域」にわたり処理することが適当であると認めるものの管理・執行の広域的連絡調整を図り、かつ、これらの事務の一部を広域にわたり総合的・計画的に処理するための組合です。

最後に、財産区とは、市町村や特別

区の一部の地区にある「財産」や公の施設に対する地区住民の従前の権利利益を保障するために、当該地区に財産の権利主体たる地位を認めるための特別地方公共団体です。山林や用水路などが財産の例です。

地方公共団体の事務

普通地方公共団体は、地域における事務およびその他の事務で法律または政令により処理することとされているものを処理します。この地方公共団体の事務は、自治事務と法定受託事務の2つに大別されます。

①自治事務

地方公共団体が処理する事務のうち、次の法定受託事務以外のものをいいます。自主的に扱うことができる事務です。例えば、都市計画に関する事務などです。

②法定受託事務

法定受託事務は、条文番号（2条9項1号と2号に規定されている）から第1号法定受託事務と第2号法定受託事務に分かれます。受託、つまり任された事務です。

第1号法定受託事務は、都道府県、市町村が処理することとされる事務のうち、国が本来果たすべき役割に係るものであって、法律・政令に特に定めるものをいいます。国から都道府県・市町村が受託した事務です。例えば、国政選挙に関する市町村の事務などです。

第2号法定受託事務は、市町村が処理することとされる事務のうち、都道府県が本来果たすべき役割に係るものであって、法律・政令に特に定めるものをいいます。都道府県から市町村が受託した事務です。例えば、都道府県知事選挙に関する市町村の事務などです。

ポイント

第1号法定受託事務	国から都道府県・市町村が受託した事務 ex.国政選挙に関する市町村の事務
第2号法定受託事務	都道府県から市町村が受託した事務 ex.知事選挙に関する市町村の事務

ミニテスト

1　特別区とは東京都の区のことをいい、指定都市の区とは異なり、法人格を有する。

解答　1　○

25 地方自治法2

地方自治法の続きです

Q 地方議会が作るルールは何？

A 条例だよ。

自治立法

　自治立法には、普通地方公共団体の議会が制定する条例と、普通地方公共団体の長（首長のことで、都道府県知事や市町村長）が制定する規則があります。

①条例

　条例は、普通地方公共団体の「議会」が作る自治立法をいいます。

　普通地方公共団体は、法令に違反しない限りにおいて、自治事務と法定受託事務に関し、条例を制定できます。また、義務を課し、または権利を制限するには、原則として、条例によらなければなりません。

　そして、条例中に、条例に違反した者に対し、2年以下の懲役・禁錮、100万円以下の罰金、拘留、科料、没収の刑または5万円以下の過料を科する旨の規定を設けることができます。

②規則

　規則とは、普通地方公共団体の「長」が作る自治立法をいいます。

　普通地方公共団体の長は、法令に違反しない限りにおいて、その権限に属する事務に関し、規則を制定できます。

　そして、規則中に、規則に違反した者に対し、5万円以下の「過料」を科する旨の規定を設けることができます。条例と違って、「科料」などの刑罰を科すことができないことに注意しましょう。

直接請求

　直接請求制度は、当該普通地方公共団体の議会・長の選挙権を有する者（以下有権者と略します）でなければ利用できません。

①条例の制定改廃請求

　有権者は、50分の1以上の者の連署をもって、代表者から、普通地方公共団体の長に対し、条例（地方税の賦課徴収、分担金・使用料・手数料の徴収に関するものを除く）の制定・改廃の請求をすることができます。地方税の賦課徴収など、お金に関しては請求できないことに注意が必要です。

②事務監査請求

　有権者は、50分の1以上の者の連署をもって、代表者から、普通地方公

共団体の監査委員に対し、普通地方公共団体の事務の執行について、監査の請求ができます。「監査」なので監査委員に請求します。

③議会の解散請求

有権者は、原則として、**3分の1以上**の者の連署をもって、代表者から、普通地方公共団体の選挙管理委員会に対し、普通地方公共団体の議会の解散の請求ができます。以下、署名数について、解散・失職など辞めさせる場合は、重要なので、原則3分の1以上と覚えましょう。

この請求があったときは、選挙管理委員会は、選挙人の投票に付さなければなりません。この解散の投票で過半数の同意があれば、議会は解散します。

④議会の議員または長の解職請求

有権者は、原則として、**3分の1以上**の者の連署をもって、代表者から、普通地方公共団体の選挙管理委員会に対し、普通地方公共団体の議会の議員、または、長の解職の請求ができます。

この請求があったときは、選挙管理委員会は、選挙人の投票に付さなければなりません。この解職の投票で過半数の同意があれば、当該議員、または、長は失職します。

⑤役員の解職請求

有権者は、原則として、**3分の1以上**の者の連署をもって、代表者から、普通地方公共団体の長に対し、副知事・副市町村長、選挙管理委員、監査委員、公安委員会の委員、総合区の区長の解職の請求ができます。

この請求があったときは、普通地方公共団体の長は、議会に付議し、議会の議員の3分の2以上の者が出席し、その4分の3以上の者の同意があれば、当該役員は失職します。

ポイント

条例は地方公共団体の議会、規則は地方公共団体の長が、それぞれ制定

　　　　　　　　　ミニテスト

1　普通地方公共団体の議会の議員・長の選挙権を有する者は、その3分の1以上の者の連署をもって、代表者から、普通地方公共団体の長に対し、条例の制定を請求することができる。

解答　1　× 連署数は、3分の1以上ではなく、50分の1以上です。事務監査請求も同じ数字です。

1 | 民法の原則

まず、私法の代表である民法から！

A 所有権絶対の原則、契約自由の原則、過失責任の原則だよ。

民法の三大原則

①所有権絶対の原則

まず、所有権絶対の原則です。所有権は絶対であり、国家権力といえども侵害は許されないという原則です。

②契約自由の原則

次に、契約自由の原則、あるいは、より広く私的自治の原則ともいわれる原則です。

民法の法律関係の中心である契約を例にして考えると、契約は、結ぶのかどうか、誰と結ぶのか、どういう内容にするか等、いずれも自由にできるという原則です。身近な例で考えると、例えば、買い物に行った場合には、買いたいモノだけを買いたいだけ買います。欲しくないモノは買いませんね。

これをもっと広く考えると、自分の私的な生活関係を自分の自由な意思で律することができるという、私的自治の原則という名称で使われます。自分の私生活なので、自分の自由な意思でいろいろ決めてよいのです。

③過失責任の原則

最後に、過失責任の原則です。最低限、過失がなければ損害賠償責任を負わなくてよいという原則です。

もちろん、故意がある場合、つまり、「わざと〜する」場合にも、損害賠償責任を負います。

民法1条の原則

民法1条は、権利の行使について、次の重要な2つの原則を定めています。

①1条2項

第1に、信義誠実の原則です。1条2項は「権利の行使及び義務の履行は、信義に従い誠実に行わなければならない」と規定しています。

信義誠実の原則（略して、信義則）とは、相手方の信頼を裏切ってはダメだという原則です。例えば、○月○日に借りたお金を返すという契約をした場合に、お金を返しに行く時間は、信義則から考えて、通常の営業時間内ということです。そうではなくて、真夜中の11時59分に貸主の自宅に押しかけて返したら、貸主である相手方の信頼を害するので、許されません。

② 1条3項

第2に、権利濫用禁止の原則です。1条3項は「権利の濫用は、これを許さない」と規定しています。

すなわち、形式的には権利の行使のように見えても、実質的にそれを濫用するのはダメだという原則です。判例にも、所有権の侵害による損失が軽微で、しかも侵害の除去が著しく困難で多大な費用を要する場合に、土地所有者が不当な利益を得る目的でその除去を求めることは、権利の濫用に当たり許されない、としたものがあります。

民法の原則
　三大原則
　　①所有権絶対の原則
　　②契約自由の原則（私的自治の原則）
　　③過失責任の原則
　1条の原則
　　①信義則（2項）
　　②権利濫用禁止の原則（3項）

- - - - - ミニテスト - - - - -

1　民法の三大原則とは、所有権絶対の原則、契約自由の原則、過失責任の原則の3つである。
2　権利の行使および義務の履行は、信義に従い、誠実にこれを行わなければならない。
3　所有権の侵害による損失が軽微で、しかも侵害の除去が著しく困難で多大な費用を要する場合であっても、土地所有者であれば、不当な利益を得る目的でも、その除去を求めることは、権利の行使に当たるので許される。

解答　1　○　2　○
　　　　　3　×　権利の濫用に当たり許されません。

2 | 能力

生まれれば誰でも権利能力を持ち、7歳くらいで意思能力を持ち、18歳で行為能力を持ちます

> **Q** 制限行為能力者って誰、具体例は？
>
> **A** 未成年者が典型例だよ。

権利能力

権利能力とは、権利や義務の主体となることができる能力をいいます。すなわち、その名において権利を持ったり、義務を負ったりすることができる能力のことです。例えば、その名において、モノを売ったり、買ったりとか、お金を貸したり、借りたりなどが可能な能力です。

民法は3条1項で、「私権の享有は、出生に始まる」と規定して、権利能力の始めは出生から、としています。生まれたばかりの赤ちゃんでも、権利能力は持ちます。逆に終わりは、死亡です。したがって、自然人（人間のことです）であれば、みんな権利能力を平等に持ちます。

意思能力

意思能力とは、行為の結果を弁識することができる能力です。簡単にいえば、正常な判断能力のことです。逆に、それがない場合は、意思無能力、そういう者を意思無能力者といいます。

例えば、赤ちゃんがおもちゃを手渡したり、高度の精神障害の人が土地をあげると言ったとします。しかし、これらの場合は、私たちの常識から、有効な贈与契約だとは考えませんね。

権利能力は生まれれば誰にでもありますが、赤ちゃんや、高度の精神障害の人は、有効な契約はできないのです。これらの者は、意思無能力者だからです。意思無能力者の行為はすべて無効となります。そして、このことは常識的で当然のことなので、民法はわざわざ明文で規定していませんが、概ね7歳くらいの知能レベルと考えられています。

以上から、有効に契約などの法律行為をするためには、権利能力のほかに、さらに意思能力も必要になることがわかります。

行為能力

行為能力とは、単独で完全に有効な法律行為ができる能力のことです。行為ができる能力なので行為能力です。例えば、1人で、土地を売ったり、買

ったりする売買契約などの法律行為が
できるという能力です。

意思能力さえあれば、完全に有効に
行為ができるかといえば、それは無理
です。複雑な取引社会において、7歳
程度の知能である意思能力だけでは不
十分だからです。つまり、実際の複雑
な取引社会においては、意思無能力者
以外にも法の保護を必要とする人たち
がいると考えられます。そこで、さら
に民法は、行為能力を要求しました。
行為能力者は、精神障害の場合を除け
ば、成人（18歳）ということです。

以上から、自然人が、完全に有効な
法律行為をするためには、権利能力は
当然として、次に意思能力、さらに行
為能力も必要となります。3つそろっ
て、完全に有効な法律行為ができるの
です。

民法は、行為能力が制限されている
者を制限行為能力者と定めています。
制限行為能力者は、未成年者、成年被
後見人、被保佐人、被補助人の4者で
す。

制限行為能力者は、単独では完全に
有効な法律行為を行うことができない
者です。そのため、民法は、それぞれ
に保護者をつけています。保護者は、
親権者や未成年後見人、成年後見人、
保佐人、補助人です。また、制限行為
能力者が単独で勝手に売買契約などを
した場合には、後で取り消すことがで
きるとしています。契約が取り消され
ると、はじめにさかのぼって効力がな
くなります。

ポイント

権利能力	権利や義務の主体となることができる能力
意思能力	行為の結果を弁識することができる能力 　→意思無能力者の行為は、無効
行為能力	単独で完全に有効な法律行為ができる能力 　→制限行為能力者の行為は、取消し可

ミニテスト

1　行為能力とは、単独で完全に有効な法律行為ができる能力をいう。

解答　1　○

3 | 法律行為

意思表示の概念は、民法だけでなく、行政法などでも重要です

Q 意思表示って何？

A 心の中で思って、それを外に表すことだよ。

法律行為

法律行為とは、人が法律効果を発生させようとする行為をいいます。この法律行為は、**意思表示**を要素として成立します。

非常に難解な概念ですが、とても大切な概念です。

```
法律要件      →      法律効果
法律行為
（意思表示）
```

法律の構造は、法律要件（法律上の必要となる条件）→法律効果（法律上の結果としての効力）になっています。一定の法律要件を満たせば、一定の法律効果が生ずるという内容です。

例えば、モノを売り買いする「売買契約」という法律要件に当たれば、売主から買主にそのモノの「所有権が移転」するという法律効果が生じます。

このうちの法律要件の中心を占めるのが、法律行為と呼ばれる行為です。法律行為は、必ず、次の意思表示をその中身としています。

意思表示

①意義

法律行為は、意思表示を要素とします。法律行為は、意思表示が要素となる行為なので、意思表示が理解できれば、前の法律行為も理解できたことになります。

意思表示とは、当事者が法律効果を欲し、かつ、そのことを発表する行為を意味します。

すなわち、意思表示は、**効果意思**と**表示行為**から成り立っているのです。効果意思から表示行為に至るプロセスなのです。効果意思とは、法律効果の発生を欲する意思をいい、表示行為とは、効果意思を外部に発表する行為をいいます。

```
効果意思      →      表示行為

         意思表示
```

ここで、ＡＢ間の土地の売買を具体例に、Ａが自分の土地を売るという例を通して、意思表示を説明します。

意思表示は、Ａの内心の思いが外に

発表される、といった一連のプロセスを表した言葉にすぎません。まずAは、心の中で土地を売りたいと思います。これを効果意思といいます。思うので、意「思」という文字を使います。そして、Bに「土地を買いませんか」と言います。心の中の思いが外部に発表されます。これを表示行為といいます。

そして、意思表示は、いわゆる合成語です。効果意思の「意思」という語句と、表示行為の「表示」という語句をくっつけた用語にすぎません。意思と表示、つまり、心の中で思って、それを外部に表すことです。具体例では、Aが、「売りたい」と思って、「買いませんか」と言うことです。

②意思の不存在と瑕疵ある意思表示

ところで、もし表示行為に対応した効果意思が存在しない場合や、そもそも効果意思の形成段階に瑕疵（かし：欠陥のことです）があった場合にも、表示行為通りの法律効果を生じさせてよいのでしょうか。

例えば、冗談の場合、つまり、売るつもりがないにもかかわらず売るといった場合には、売るという意思が存在しません。そこで、当該売買が完全に有効であるとはいえず、無効になる場合もあります。具体的には、相手方がその意思表示が表意者の真意ではないことを知り、または知ることができたときは無効とされます。

法律行為⇨人が法律効果を発生させようとする行為で、意思表示を要素として成立する

意思表示⇨当事者が法律効果を欲し、かつ、そのことを発表する行為で、効果意思と表示行為から成り立つ

───── ミニテスト ─────

1　法律行為とは、人が法律効果を発生させようとする行為をいい、意思表示を要素として成立する。意思表示とは、当事者が法律効果を欲し、かつ、そのことを発表する行為をいい、効果意思と表示行為から成り立っている。

解答　1　○

4 無効・取消し、条件・期限

日常的にも使う言葉ですが、より厳密に使用します

Q 無効って何？

A はじめから全く認めないことだよ。

無効

無効とは、法律行為の効力が当初から全く生じないものとして取り扱うことです。殺人契約が典型例です。

無効は、誰でも、いつまででも主張できるのが原則です。

取消し

取消しとは、いったん有効に成立した法律行為の効力を、後から法律行為時にさかのぼって消滅させる取扱いです。遡及効（そきゅうこう：さかのぼる効力のことです）があります。だまされたり、おどかされたりした場合が具体例です。

取消しは、詐欺や強迫の被害者などに限り主張でき、また、一定期間行使しないと主張できなくなります。

無効とは違います。

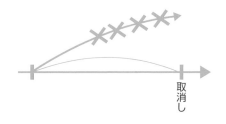

条件

条件とは、法律行為の効力の発生または消滅を、将来の発生「不確実」な事実にかからせる付随的な意思表示です。

○○試験に受かったら車をあげる、などが条件の具体例です。試験に受かるのは将来で、その合否は確実ではないからです。

期限

期限とは、法律行為の効力の発生または消滅を、将来の発生「確実」な事実にかからせる付随的な意思表示です。

条件と違って、将来でも、発生が確実な事実にかけます。

現在が4月1日だとして、5月1日から採用する、などが期限の典型例で

す。5月1日は将来で、5月1日は確
実にくるからです。

ポ イ ン ト

無効と取消し

無効
↑ YES
法律行為の効力が、最初から全く生じないのか？
↓ NO
取消し

条件と期限

条件
↑ NO
法律行為の効力を、将来の発生「確実」な事実にかからせるのか？
↓ YES
期限

私法とは何か？

ミ ニ テ ス ト

1 無効とは、いったん有効に成立した法律行為の効力を、後から法律行為時にさかの
ぼって消滅させる取扱いをいう。
2 取消しとは、法律行為の効力が当初から全く生じないものとして取り扱うことをい
う。
3 条件とは、法律行為の効力の発生または消滅を、将来の発生確実な事実にかからせ
る付随的な意思表示である。
4 期限とは、法律行為の効力の発生または消滅を、将来の発生不確実な事実にかから
せる付随的な意思表示である。

解答 1 × 取消しの説明文です。 2 × 無効の説明文です。
3 × 期限の説明文です。 4 × 条件の説明文です。
それぞれの相違点に注意しましょう！

5 物権とは

物権は、物に対する権利なので、土地の所有権などが典型例です

Q 物権の特徴は何？
A 排他性だよ。

意義と特徴

物権は、物に対する権利です。例えば、Aが甲土地を所有している場合、Aの権利の客体は土地という物です。このような「物」に対する「権」利を物権といいます。

厳密には、特定の物を直接支配して利益を享受する排他的な権利を意味します。物権の客体は、物なので、直接支配できます。自由に使用したり、処分したりというように直接支配する強力な権利です。

このように強力な権利なので、甲土地にAの所有権が成立している場合に

は、同じ内容の物権であるBの所有権は成立しません。他者を排斥する力があり、これを排他性といいます。別名、1つの物に同じ内容の物権は1つしか成立しないので、一物一権（いちぶついっけん）主義ともいいます。

種類

物権は排他性のある強力な権利なので、民法175条は、物権は、民法その他の法律が定めるもののほか、創設することができないと規定しています。物権法定主義です。民法では、所有権などの10種類の物権が法定されています。

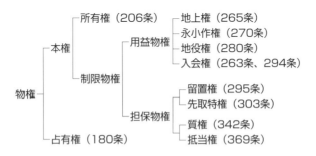

まず、占有権とそれ以外に分かれます。占有権以外は、本来の権利という意味で本権といいます。本権は、次

に、所有権とそれ以外に分かれます。所有権以外は、権利が制限されるので制限物権といいます。さらに、制限物

権は、用益物権と担保物権に分かれます。用益物権には地上権、永小作（えいこさく）権、地役権、入会（いりあい）権の４つ、担保物権には留置権、先取（さきどり）特権、質権、抵当権の４つがあります。

物権変動

物権の発生・変更・消滅を総称して物権変動といいます。物権を持つ者の側からみれば、物権の取得・喪失・変更ということになります。

例えば、ＡＢ間の甲土地の売買で、Ａが甲土地をＢに売ると、今まで売主Ａが持っていた甲土地の所有権が、買主Ｂに移転します。Ｂが土地の新所有者になります。これが物権変動の典型例です。Ｂから見ると物権である所有権の取得、Ａから見ると所有権の喪失、両者あわせて見ると所有権の変更です。

このような物権変動が生ずるためには、何が必要となるのかが問題となります。具体例だと、Ａの所有権がＢに移転するためには、何が必要なのかということです。

民法176条は「物権の設定及び移転は、当事者の意思表示のみによって、その効力を生ずる」と規定しています。すなわち、物権変動を生ずるためには、売買契約では「売ります」、「買います」という意思表示だけで足りるとしているのです。これを意思主義といいます。したがって、ＡとＢという契約の当事者間では、意思表示だけで、ＡからＢへ所有権が移転することになります。

物権
　　直接支配権→排他性あり→物権法定主義
物権変動の要件
　　意思主義（当事者の意思表示のみによって効力が生じる）

ミニテスト

1　物権には排他性があるので、１つの物に同じ内容の物権は１つしか成立しない。
2　民法は、物権の設定及び移転は、当事者の意思表示のみによって、その効力を生ずると規定している。

解答　1 ○　2 ○

6 | 占有権と所有権

占有権と所有権は別の権利です

> **Q** 占有権って何？
>
> **A** 事実上の支配権のことだよ。

占有権

①意義

占有権は、人が現実に物を支配している場合に、この支配状態そのものを権利として保護する制度です。つまり、事実上の支配権です。

所有権に基づくか否かは問いません。自分の所有物を占有している場合のように、所有者＝占有者という場合が実際には多いですが、借りている場合など、所有権がなくても占有権は認められます。所有権とは区別される権利です。

占有権は、自己のためにする意思をもって、物を所持することにより成立する権利です。所持とは、物が人の事実的支配関係にあると認められる客観的関係をいいます。わかりやすいのは、手に持っている状態ですが、留守宅の家具などにも家人の事実的支配は及んでいると考えます。

②占有の訴え

占有の訴えは、占有という事実上の支配が侵害された場合に、所有権の有無に関係なく、その侵害を排除する権利です。自力救済を禁止して、社会の秩序を維持するための制度です。物を盗まれたからといって盗み返すわけにはいかないからです。

占有の訴えのうち、占有回収の訴えは、占有が奪われた場合に、その物の返還および損害賠償の請求ができるものです。奪われたとは、占有者の意思に基づかずに所持を失うことなので、典型例は、物を盗まれた場合です。Aがある物を占有していたところ、ドロボウBに盗まれた場合、AはBに対して、盗んだ物を返せといえるのです。

所有権

①意義

所有権とは、法令の制限内において、自由にその所有物の使用、収益および処分をする権利です。例えば、Aが甲土地を所有していれば、Aは、甲土地を使うことができ、貸して地代を取ることができます。売却するという処分もできます。日常的法律用語といわれるもので、「自分のモノだ」という権利です。

所有権の取得方法は2つあります。

第1は、BがAから物を買うように、前主の所有権を承継するという承継取得です。承継取得は、さらに特定承継と包括承継に分かれます。特定承継は、売買のように、特定の権利を引き継ぐものです。包括承継は、相続のように、包括的に権利を引き継ぐものです。

第2は、原始取得です。前主の権利を承継しない取得です。Bのところにパッと所有権が生じます。民法は、無主物の帰属（所有者のいない動産は、所有の意思をもって占有した者が所有者となれる）、遺失物の拾得（遺失物法の定めるところに従い一定期間内にその所有者が判明しないときは、これを拾得した者が所有者となれる）などを規定しています。

②共有

共有とは、1個の所有権を数人が共同して有することです。例えば、A・B・C3人で、3,000万円の不動産を、1,000万円ずつお金を出し合って購入した場合、各自の所有割合は3分の1になります。各自、その不動産の3分の1の所有権ということです。この3分の1のように、各共有者が目的物に対して持っている権利やその割合を、持分といいます。

各共有者は、持分に応じて共有物の全部を使用できます。また、持分の処分は、各共有者が自由にできます。Aは、3分の1の持分を、自由にDに売ることができるのです。なお、共有者は、原則として、いつでも共有物の分割を請求できます。例えば、共有土地を、ABCで、3つに分けるという請求です。

ポイント

占有権
⇨自己のためにする意思をもって、物を所持することにより成立する権利
（自己のためにする意思＋物の所持＝占有権）

所有権
⇨法令の制限内で、自由にその所有物の使用、収益、処分をする権利

ミニテスト

1　占有回収の訴えは、占有が奪われた場合に、その物の返還および損害賠償の請求ができるものである。

解答　1　○

7 担保物権とは

貸したお金などを確実に回収するための手段の1つです

担保

①意義

担保とは、貸金を確実に回収するなど、債務者が債務を履行しない場合に受ける債権者の危険を考慮して、あらかじめ債務の弁済を確保し、債権者に満足を与えるための手段です。お金の貸主など、他人に対して権利をもっている方を債権者、借主など、義務を負っている方を債務者といいます。

この担保制度には2種類ありますが、そのうち、財産の価値に基礎を置く担保が担保物権です。例えば、Aが、借金のカタにBの宝石を質に取って、Bが借金を返せない場合には、その宝石を売り払って、その代金から優先的に貸金を回収するのです。

なお、もう一つは、保証人を立てるような人的信用に基礎を置く人的担保です（後述します）。

②担保物権の種類

民法が規定している担保物権には、留置権、先取特権、質権、抵当権の4つがあります。発生原因によって、2つに分かれます。

第1は法定担保物権です。一定の事由が生じた場合に法律上当然発生する担保物権で、留置権と先取特権の2つです。例えば、民法295条など、「法」が一定の要件を「定」めておいて、それを満たしたら当然に生じます。

第2は約定担保物権です。当事者の契約によって発生する担保物権で、質権と抵当権の2つです。例えば、AB間で、抵当権を設定するという契「約」で「定」めた場合（約定：やくじょう）で生じます。

担保物権の効力と性質

質権を具体例にして、主な効力と性質を説明します。

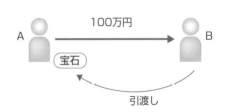

①優先弁済的効力

優先弁済的効力とは、債務が弁済されないときに、目的物を換価して、他の債権者に優先して弁済を受けること

ができる効力です。もしBが借金を返せなければ、Aは、この宝石を売り払って、売却代金から優先的に貸金を回収できます。

②留置的効力

留置的効力とは、債務が弁済されるまで目的物を留め置いて債務者に心理的圧迫を加えて、弁済を促す効力です。100万円を返さない限り、宝石を渡さないぞ、というように、Bに心理的プレッシャーを与えて間接的に弁済を促そうとするのです。

③付従性

付従性とは、担保物権によって担保されている被担保債権が成立しなければ担保物権も成立せず、また、被担保債権が消滅すれば担保物権も消滅するという性質です。被担保債権と担保物権が、目的と手段の関係にあることから認められる性質です。Aの目的は、100万円を返してもらうことで、質権は、100万円を確実に返してもらうための手段です。だとすれば、無効・取消し、弁済などの理由で100万円が無ければ、目的がないことになり、手段だけ残しても無意味だからです。

④随伴性

随伴性とは、被担保債権が移転すれば、担保物権もそれに伴って移転するという性質です。Aが債権をCに譲渡すると、Cが新債権者になります。つまり、目的である被担保債権がAからCへ移転します。この場合に、手段だけAのもとに残しておいても無意味なので、質権も移転します。

 ポイント

	留置権	先取特権	質権	抵当権
優先弁済的効力	×	○	○	○
留置的効力	○	×	○	×

ミニテスト

1　優先弁済的効力とは、債務が弁済されない場合に、目的物を換価して、他の債権者に優先して弁済を受けることができる効力である。

　1　○

8 抵当権

担保物権のうち、実務で、最も利用されているのが抵当権です。

Q 抵当権は、どういう場合に利用されるの？

A 銀行などから融資を受ける場合に、土地などの不動産に設定されるよ。

抵当権の設定

抵当権とは、債務者などが占有を移転しないで債務の担保に供した不動産などから、抵当権者が、他の債権者に優先して弁済を受けることができる権利です。

抵当権についての権利者を抵当権者、設定した者を抵当権設定者といいます。AがBにお金を貸してBの土地に抵当権を設定した場合、Aが抵当権者、Bが抵当権設定者となります。そして、Bが期日にお金を返さなければ、Aは、抵当権を実行し、つまり土地を売り払って、その代金から優先的に債権を回収できます。

このように、抵当権は、優先弁済的効力を持つ約定担保物権です。

①目的物

抵当権の目的物は、不動産です。土地や建物が典型例です。宝石に抵当権を設定したりはできません。

②対抗要件

対抗要件とは、〜と主張するための要件のことです。

Aが、B以外の第三者に対して自分が抵当権者だと対抗（主張）するための要件は、登記です。

③被担保債権

抵当権によって担保される債権のことです。通常は、金銭債権、例えば貸金債権などです。

抵当権の効力

①目的物

民法370条は、抵当権の効力は、抵当不動産に「付加して一体となっている物」に及ぶとしています。ただし、土地についての抵当権の効力は、その土地上の建物には及びません。土地と建物は別個の不動産だからです。

ここで付加一体物の意味について、争いがありますが、判例は、一体の意味を物理的一体と解して、付加一体物＝付合物としています。

付合物とは、壊さないと分離できない程度に付着した物のことです。典型例は、建物の増築部分です。増築部分は、壁を壊さないと切り離しができません。つまり、もとの物と物理的に一体となった付合物です。したがって、建物に設定した抵当権の効力は、建物

の増築部分にも及びます。抵当権の効力が及ぶというのは、お金を返せなければ、もとの建物は当然として、さらに増築部分もいっしょに売り払うことができるということです。

②被担保債権

　民法375条1項は、原則として、利息などは最後の2年分しか優先弁済を受けられないとしています。元本は当然として、それ以外のもの、例えば利息は何年分を取れるのかに関する条文で、抵当権者が、元本以外に優先弁済を受けられる範囲を限定したものです。

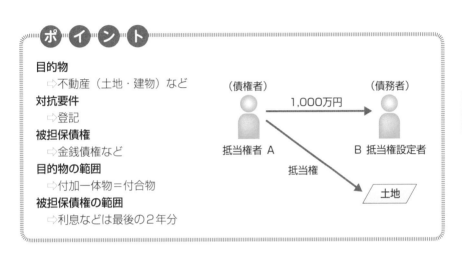

ポイント

目的物
　⇨不動産（土地・建物）など
対抗要件
　⇨登記
被担保債権
　⇨金銭債権など
目的物の範囲
　⇨付加一体物＝付合物
被担保債権の範囲
　⇨利息などは最後の2年分

（債権者）　1,000万円　（債務者）

抵当権者 A　　　　B 抵当権設定者

抵当権

土地

ミニテスト

1　抵当権の効力は、抵当目的物である不動産である建物に付合した物にも及ぶ。
解答　1 ○ 判例は、付加一体物＝付合物としているからです。

9 | 債権とは

債権は、人に対する権利です

Q 債権の特徴は何？

A 排他性がないことだよ。

意義

債権は、特定の人（債権者）が、他の特定の人（債務者）に対して、一定の行為をすること（または、しないこと）を請求する権利です。つまり、対人的請求権です。

例えば、AがBから甲土地を買った場合には、AはBに対して甲土地を引き渡せと請求できます。このように、人に対してある行為を請求する権利です。

物権との相違点

①排他性の有無

債権は、単なる対人的な請求権にすぎないので、物権と違って排他性がない権利です。したがって、同一内容の債権が同一債務者に対して2つ以上併存して成立できます。例えば、Bが甲土地をさらにCに売却したら、CはBに対して同じ甲土地の引渡しを請求できます。AのBに対する甲土地の引渡請求権と全く同じ内容、つまり、CのBに対する甲土地の引渡請求権が成立します。他者を排斥する力がないから

です。

ただし、現実には、甲土地は1つしかありません。仮に、BがAに甲土地を引渡して登記を移転したとします。すると、Cの引渡債権は、別の債権である損害賠償の債権に変化します。もともとBに対する土地の引渡債権が成立していたからこそ、それが不能になったので損害賠償、つまりお金を払えという債権に変わったのです。変化するという以上は、もともとの引渡債権は成立していなければならないのです。

②契約自由の原則と相対性

物権における物権法定主義と違って、債権は、債権者と債務者間の問題にすぎず、第三者に影響を与えないので、当事者間で自由に債権債務の内容を決めてかまいません。原則として、私人間の自由な契約が許されます。民法には13種類の契約が規定されていますが、それ以外の契約であっても、私人が自由にしてよいとする契約自由の原則がとられています。民法に書かれていない契約も有効です。

さらに、物権には絶対性があるが、

債権には相対性しかないといわれます。すなわち、物権の権利者は、世界中の誰に対しても絶対に権利を主張できます。例えば、Aが土地を所有していれば、Aは世界中の誰に対してもその土地は自分のものだといえます。しかし、債権者は、世界中の誰に対しても権利を主張できるわけがありません。債務者に対してしか権利を主張できない相対的なものです。例えば、AがBに100万円貸したとすれば、当然、債権者Aは債務者Bに対してしか100万円を返せといえません。

債権の種類

①特定物債権

特定物の引渡しを目的とする債権を特定物債権といいます。特定物とは、具体的取引において当事者が物の個性に着目した物のことです。簡単にいえば、世界に1個しかない、同じものが絶対にない物という意味です。具体例は、不動産や中古品です。地球上の同じ場所にある土地はありません。また、まったく同じように使われて、同じところに傷がある中古品もありません。

②種類債権

種類物の引渡しを目的とする債権を種類債権といいます。種類物とは、特定物ではない物です。債権の目的物を示すのに種類と数量だけを指示した物です。具体例は、新品です。

③金銭債権

一定額の金銭の引渡しを目的とする債権を金銭債権といいます。

	物権	債権
排他性の有無	あり	なし
権利の法定	物権法定主義	契約自由の原則
絶対的か相対的か	絶対的	相対的

ミニテスト

1　債権には排他性がないので、同一内容の債権が同一債務者に対して2つ以上併存して成立できる。

解答　1 ○

10 債務不履行

その名称の通り、債務の「不」履行＝債務を履行しないことです

Q 債務不履行の種類は？

A 履行遅滞、履行不能、不完全履行があるよ。

意義

債務不履行とは、債務者が、債務の本来の趣旨に従った履行をしないことをいいます。例えば、借りたお金を期日に返さない、売った物を壊してしまって引き渡せないなどです。

種類

債務不履行には、次の3種類があります。

①履行遅滞

履行遅滞とは、債務者が、履行することが可能であるにもかかわらず、履行期を過ぎても債務を履行しないことです。

遅滞、つまり遅れる場合です。例えば、3月31日に、お金を返す、物を引き渡すと約束していたのに、うっかり忘れて、4月1日以降になってしまったという場合です。

②履行不能

履行不能とは、債務を履行することが不可能になることです。売った物を引渡し前に壊してしまった場合のような、物理的な不可能がわかりやすい例

です。

③不完全履行

不完全履行とは、債務の履行が一応はなされたが、不完全な点のあることです。果物の売買をした場合に履行期日に腐った果物を引き渡したような場合です。

債務不履行の効果

債務不履行の場合、債権者は、債務者に対して損害賠償請求することが認められます。

①損害賠償の範囲と方法

損害賠償の請求は、原則として、債務不履行により通常生じる通常損害に限られます。通常損害とは、債務不履行と常識的な因果関係の範囲内にある損害をいいます。

また、損害賠償は、特約がない限り、金銭でその額を定めます。金銭賠償が原則です。

②過失相殺

過失相殺（そうさい）とは、債権者にも過失がある場合には、それを考慮するという制度です。公平だからです。債務不履行に関し、債権者にも過

失があるときは、裁判所は、損害賠償の責任およびその金額を定める場合に、これを考慮しなければなりません。

債務者が、期日を間違えて履行遅滞になっている場合でも、その原因が、債権者の指示が不十分、不適切だったようなときです。

③立証責任

債務者がその債務の本旨に従った履行をしないときや、債務の履行が不能であるときは、債権者は、これによって生じた損害の賠償を請求することができますが、その債務の不履行が債務者の責めに帰することができない事由によるものであるときは、債務者は賠償責任を負いません。つまり、債務不履行による損害賠償請求が認められるためには債務者の帰責事由が必要であり、債務者の責めに帰すべき事由によらないときは、債務者は免責されることになります。なお、債務者の責めに帰すべき事由がないことは**債務者**が証明する必要があります。債権者が債務者のせいであることを証明して賠償請求しなければいけないのではなく、債務者が自分のせいではないことを証明すれば免責されるということです。

ポイント

履行遅滞	債務者が、履行することが可能であるにもかかわらず、履行期を過ぎても債務を履行しないこと
履行不能	債務者の責めに帰すべき事由により債務を履行することが不可能になること
不完全履行	債務の履行が一応はなされたが、不完全な点のあること

ミニテスト

1　債務不履行に関して債権者にも過失がある場合には、裁判所は、損害賠償の責任と金額を定めるときに、これを考慮しなければならない。

 解答　 1　○

11 多数当事者

2人でお金を借りた場合のように、当事者が複数いる場合もあります

> **Q** 連帯債務って何？
>
> **A** 民法上の連帯責任だよ。

連帯債務

連帯債務とは、同じ内容の給付について、債務者のそれぞれが独立に全部の弁済をしなければならないという債務を負担し、1人が弁済すれば他の債務者はもはや債権者に対して弁済しなくてよいという債務です。

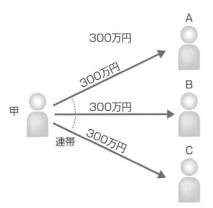

ABC3人の債務を連帯債務とする特約を結んだ場合、まず、各自がそれぞれ独立した債務を負うと考えます。次に、各自が全額弁済の義務を負います。もしAが300万円を弁済したら、連帯債務はすべて消滅します。なお、ABCは、債権者甲に対しては全額弁済ですが、3人の内部での負担割合

は、ケースバイケースです。内部的に負担する割合のことを、負担部分といいます。平等な場合だと、各自100万円ずつです。

債権者は、連帯債務者の誰に対してでも全額の履行を請求できます。つまり、300万円全額を弁済してもらうまでは、自由に請求できるのです。

保証債務

保証人を立てる場合です。保証債務とは、主たる債務者が債務を履行しない場合に、主たる債務者に代わって、保証人が履行の責任を負う債務です。

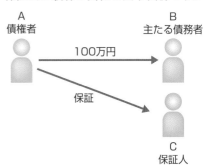

AがBに100万円貸して、Cに保証人になってもらう場合です。A・Cの間で結ぶ契約を保証契約、Cが負う債務を保証債務といいます。もしBが

100万円を返せなかったら、Cが代わりに100万円を払います。Cの債務は、従たる、二次的な、補うという内容になります。

①性質

保証人は、主たる債務者がその債務を履行しない場合に初めて履行すれば足ります。この補充性という性質から、次の2つの抗弁権が認められます。ここで、対抗的な弁論をする権利を略して抗弁権といいますが、〜と主張できる権利という程度の意味です。第1は、催告の抗弁権です。保証人がいきなり支払いを求められた場合には、まず主たる債務者に請求するように債権者に主張できます。第2は、検索の抗弁権です。債権者がいきなり強制執行してきた場合には、保証人は、主たる債務者に弁済資力があり執行が容易であることを証明する必要はありますが、まず主たる債務者の財産に対して強制執行するように債権者に主張できます。

②連帯保証

連帯保証とは、保証人が主たる債務者と連帯して債務を負担する旨を合意した保証です。連帯保証には、補充性がありません。したがって、補充性から認められる2つの抗弁権、つまり催告の抗弁権・検索の抗弁権がありません。

連帯債務⇒債務者が独立に全部の弁済をしなければならないという債務を負担し、1人が弁済すれば他の債務者はもはや弁済しなくてよい

ミニテスト

1　連帯債務者の1人が弁済したときは、他の債務者は、債権者に対して弁済しなくてよくなる。

　1　○

12 | 契約

契約は、民法の法律関係の中心です！

Q 契約の具体例は何？

A 日々の買い物、つまり売買契約が典型例だよ。

意義

契約とは、当事者の相対立する意思表示が合致することによって成立する法律行為です。

売買契約を例にすると、売主Ａの「買いませんか」という申込みに対する買主Ｂの「買います」という承諾といった、相対立する、逆方向からの意思の合致で成立します。

分類

①有名契約（典型契約）と無名契約（非典型契約）

形式的な分類で、民法に○○契約、例えば売買契約というように名前が書いて有るか、無いかという分類です。名前が書いてあれば有名契約、別名、典型的なので典型契約ともいいます。全13種類あります。贈与、売買、交換、消費貸借、使用貸借、賃貸借、雇用、請負、委任、寄託、組合、終身定期金、和解の13種です。

これに対して、名前がない契約を無名契約または非典型契約といいます。民法には書いてありませんが、契約自由の原則によって、認められています。

②双務契約と片務契約

債務に注目した分類です。当事者が互いに対価的な債務を負う契約を双務契約といい、一方のみが債務を負う契約または双方の債務が対価的な関係にない契約を片務契約といいます。簡単にいうと、「双」方が債「務」を負う双務契約に対して、「片」方が債「務」を負う片務契約です。

双務契約がとても重要なので、売買契約を例に説明します。売主は、モノを売った以上、目的物を引渡すという債務を負担します。買主は、モノを買った以上、代金支払いという債務を負担します。この両者の債務は、売主が、例えば100万円の価値のある目的物を引渡すという債務を負っているから、買主は代金100万円を払うという関係です。このように、両債務は経済価値的に対応する関係にあるというこ

とです。

逆に、そうでないものが片務契約です。例えば贈与です。あげる方の贈与者しか債務を負いません。

契約の成立

契約は、申込みと承諾によって成立するのが原則です。

申込みや承諾の効力は、相手方に申込みや承諾が届いた時に発生します（到達主義）。例えば、東京在住のAが大阪在住のBに、土地を買いませんか、と申込みの手紙を出した場合には、Bの住所に手紙が届いた時に申込みの効力が生じます。

契約の解除

契約の解除とは、契約の一方当事者の意思表示によって、すでに有効に成立した契約の効力を解消させて、その契約がはじめから存在しなかったのと同様の効果を生じさせることです。

解除権には、債務不履行を理由とする場合のように、法律の規定によって与えられる法定解除権のほかに、特約によって与えられる約定（やくじょう）解除権もあります。

契約の分類
⇨当事者が互いに対価的な債務を負う契約を双務契約、一方のみが債務を負う契約（または双方の債務が対価的な関係にない契約）が片務契約

契約の成立と解除
⇨申込みと承諾によって成立し、解除によって遡及的に消滅する

ミニテスト

1 契約当事者が互いに対価的な債務を負う契約のことを片務契約という。

解答 1 ✕ 双務契約といいます。

13 | 売買と賃貸借

有名契約のなかの、2大重要契約を見ましょう

Q 他人の土地を売っても無効だよね？

A いや、有効なんだよ。

売買

①意義

売買は、当事者の一方がある財産権を相手方に移転することを約し、相手方がこれに対し代金を支払うことを約する契約です。

②契約内容不適合責任

売主が給付した物や権利が契約内容に適合しない場合、買主は、売主に対して、履行の追完請求、代金減額請求、損害賠償請求、解除ができます。売主には契約内容不適合責任が生じ、買主がその責任を追及するということです。

例えば、売主から引き渡された商品の品質に欠陥があり、契約の内容に適合しないものであるときは、買主は、売主に対し、目的物の修補や代替物の引渡しといった形で履行の追完を請求できます。ただし、売主は、買主に不相当な負担を課すものでなければ、買主が請求した方法と異なる方法による履行の追完をすることができます。商品の欠陥の修理を請求されたけど、別の商品と取り替えて引き渡すといった

場合がこれにあたります。

賃貸借

①意義

賃貸借は、当事者の一方（賃貸人）が、相手方（賃借人）に、ある物を使用・収益させることを約し、相手方（賃借人）がこれに対して賃料を支払うことを約する契約です。

お金を出してモノを貸し借りする契約です。生活の基盤となるために、土地を借りて家を建てる、建物を借りて住むといった借地や借家の不動産賃貸借がとても重要です。不動産賃貸借では、民法の特別法として借地借家法が制定されていて、民法の内容を修正しています。

②効力

賃貸人は、賃借人に目的物を使用・収益させる義務を負うほか、目的物の使用・収益に必要な修繕義務を負います。例えば、貸家の雨漏りを直す義務です。

また、費用償還義務も負います。費用を返す義務です。本来は、賃貸人が修繕義務を負っていますが、必要に迫

られて、賃借人が雨漏りの修理することがあります。その場合には、後で費用を返せといえるのです。費用は、必要費と有益費に分かれます。必要費は、雨漏りの修理費などの、保存に必要な費用です。有益費は、壁紙の張替え費などの、改良に有益な費用です。

これに対し、賃借人は、賃料支払いの義務、用法を遵守する義務、目的物を保管する義務などを負うほかに、無断譲渡・無断転貸をしない義務を負います。無断で行ったら、当事者間の信頼関係が破壊されるからです。

③終了

存続期間を定めた賃貸借は、期間満了により終了するほか、例えば、賃貸人は、賃借人の賃料不払い等の債務不履行や、用法違反等の義務違反を理由に、賃貸借契約を解除することができます。賃貸借の解除は、将来に向かってのみその効力を生じます。遡及的消滅と考えると、場合によって何十年にもわたる賃貸借期間内の法律関係が複雑化するからです。

売買
⇨売主が給付した物や権利に瑕疵がある場合、売主は買主に対して担保責任を負う
賃貸借
⇨賃貸人は、使用収益させる義務、修繕義務、費用償還義務を負う
⇨賃借人は、賃料支払いの義務等のほか、無断譲渡・無断転貸をしない義務を負う

ミニテスト

1　売買は、双務契約である。
2　不動産賃貸借では、民法の特別法である借地借家法が制定されている。

解答　1 ○　2 ○

14 │ 不法行為

不法行為の典型例は、交通事故です

Q 不法行為が成立すると、どうなるの？

A 損害賠償の請求ができるよ。

不法行為

不法行為とは、不法に他人に損害を与えた場合に、加害者（側）にその損害を賠償させる制度です。例えば、運転手Ａがわき見運転で通行人Ｂにケガをさせた場合には、Ｂの治療費などについて、被害者Ｂは加害者Ａに対して損害賠償の請求ができます。

一般的不法行為と特殊的不法行為の2つがあり、いずれも損害賠償請求権が生じます。なお、特殊的不法行為は、一般的不法行為の例外です。自分の故意・過失によって自分自身が責任を負うのではなく、それを修正する内容になります。ここでは、原則となる一般的不法行為をみます。

一般的不法行為の成立要件

民法709条が規定しているのが、原則となる一般的不法行為です。加害者の故意・過失による行為を原因として、加害者自らが賠償責任を負う場合です。Ａのわき見運転でＢがケガをした場合に、Ａが責任を負うという例です。

①損害の発生

被害者に損害が発生していることが必要です。例えば、治療費が○円かかったなどです。

②損害と行為との間の因果関係

損害と加害行為との間に相当な因果関係があることが必要です。相当な因果関係とは、通常の原因・結果の関係ということです。

③故意・過失

加害行為が加害者の故意または過失に基づくものであることが必要です。暴行などの場合が故意です。わき見運転は過失です。なお、加害者の故意・過失は、被害者側が立証しなければなりません。

④違法性

加害行為が違法なものであることが必要です。逆に、正当防衛として行われた場合のように、違法でない場合には不法行為は成立しません。

⑤責任能力

加害者に責任能力、つまり、自己の行為の責任を弁識する能力が必要です。民法に規定はありませんが、目安として、判例・学説は、概ね12歳程度

の知能レベルと考えています。

したがって、未成年者のうち責任能力のない者は、損害賠償の責任を負いません。例えば、幼稚園児が友達にケガをさせたとしても、その子自身は損害賠償責任を負わないということです。この場合は、代わりに、親などが責任を負うことになります（特殊的不法行為の一種）。

不法行為に基づく損害賠償請求

不法行為が成立すると、その効果として損害賠償請求権が発生します。

①損害賠償請求の対象

他人の身体、自由または名誉を侵害した場合と他人の財産権を侵害した場合とを問わず、損害賠償の責任を負う者は、財産以外の損害＝精神的損害に対しても、その賠償をする必要があります。したがって、精神的苦痛を慰謝するという慰謝料請求も認められます。

②過失相殺

被害者に過失があったときは、裁判所は、これを考慮して、損害賠償の額を定めることができます。交通事故の例で考えると、被害者の飛び出し事故が典型例になります。被害者の過失を考慮するのが公平だからです。

③請求権者

被害者本人は、もちろん請求できます。

その他、民法は、生命侵害の場合には、被害者の父母、配偶者、子も慰謝料を請求することができるとしています。

ポイント

一般的不法行為の成立要件
①損害の発生②損害と行為との間の因果関係③故意・過失④違法性⑤責任能力
不法行為の効果（特殊的不法行為も同様）
損害賠償請求権の発生

ミニテスト

1　一般的不法行為が成立するためには、加害者に責任能力は不要である。

解答　1　×　責任能力が必要です。

15 婚姻

日常用語の「結婚」という言葉は使いません

Ｑ 離婚にはどんな方法があるの？

Ａ 協議離婚、調停離婚、裁判離婚があるよ。

婚姻の成立

婚姻は、婚姻意思の合致と婚姻の届出によって成立します。いずれか一方が欠ける場合、婚姻は無効です。例えば、お互いの意思としては夫婦としての共同生活を送っていても婚姻届を提出していなければ、法律上の婚姻としては無効です。このような関係は内縁とか事実婚と呼ばれます。

また、婚姻は18歳にならなければすることができない（年齢制限）、配偶者のある者は重ねて婚姻をすることができない（重婚禁止）、直系血族または３親等内の傍系血族の間では婚姻をすることができない（近親婚禁止）などといった婚姻制限があります。これらの婚姻制限に抵触する婚姻は、取消しの対象となります。

なお、婚姻の取消しは、家庭裁判所に請求して行います。婚姻が取り消されると、身分関係は将来に向かってのみ解消されます。婚姻の取消しの効果はさかのぼりません。

婚姻の効力

財産上の効力には次のものがあります。民法が定めている法定財産制です。

①費用分担。夫婦は、婚姻から生じる費用を、両人の資産、収入その他一切の事情を考慮して分担します。②日常家事債務。夫婦の一方が日常の家事に関して第三者と取引をしてそれによって債務を負担したときは、夫婦両名が連帯して弁済しなければならないのが原則です。日常家事債務についての連帯責任の規定です。例えば、妻が、スーパーで、米10キロを１万円で買った場合です。売買契約の買主は妻なので、本来は妻のみが代金債務を負うはずですが、夫婦なので、経済的にも一体と考えて、夫も１万円支払いの連帯債務を負います。③夫婦別産制。夫婦の一方が婚姻前から持っていた財産および婚姻中に自分名義で得た財産は、その者の特有財産、つまり夫婦の一方が単独で所有する財産となります。どちらの財産か不明の物は、夫婦の共有と推定されます。

婚姻の解消

死別もありますが、離婚がより重要です。婚姻が離れるから離婚です。これに対し、養子縁組の解消を、縁組が離れるから離縁といいます。

離婚の形態には、大きく分けて協議離婚、調停離婚、裁判離婚の3種類あります。

夫婦の一方が離婚の訴えを提起することができるのは下記の場合です。①配偶者に不貞な行為があったとき、②配偶者から悪意で遺棄されたとき、③配偶者の生死が3年以上明らかでないとき、④配偶者が強度の精神病にかかり、回復の見込みがないとき、⑤その他婚姻を継続し難い重大な事由があるときの5つです。

婚姻の無効・取消し

無効	例. 婚姻意思の合致はあるが婚姻の届出をしていない場合
取消し	例. 18歳未満の者が婚姻した場合（不適齢婚） 配偶者のある者が重ねて婚姻した場合（重婚） 兄と妹、姉と弟が婚姻した場合（近親婚）

ミニテスト

1　夫婦の一方が日常の家事に関して第三者と取引をして債務を負担したときは、原則として、夫婦両名が連帯して弁済しなければならない。

解答　1　○

16 | 親子

実親子と養親子の2種類があります

Q 特別養子って何？

A 実方との関係が終了する養子縁組だよ。

嫡出子

嫡出子（ちゃくしゅつし）とは、法律上の婚姻関係にある男女を父母として生まれた子です。

①推定される嫡出子

婚姻の成立の日から200日を経過した後に生まれた子は、夫の子と推定されます。母子の関係は分娩の事実から明らかになりますが、父子の関係は、婚姻成立から200日経過後に妻が子を生んだのであればその子は自分の子であると推定されるものとされています。そして、この場合、夫が生まれてきた子を自分の子ではないと考え、父子関係を否定したいときは、嫡出否認の訴えによって嫡出性を否定できます。嫡出否認の訴えは提訴権者や提訴期間に制限があります。

②推定されない嫡出子

夫の子とは推定されないという意味です。婚姻成立後200日以内に生まれた子です。この場合には、親子関係不存在確認の訴えによって嫡出性を否定できます。利害関係のある者ならいつでも起こすことができます。嫡出否認の訴えに比べて緩やかです。

③準正嫡出子

嫡出子に準ずるという意味です。婚姻成立前に生まれたが、後に父の認知と父母の婚姻によって嫡出子の身分を取得した子です。単に時間がずれただけだと考え、嫡出子に準ずるとします。婚姻と認知の順番は逆でも同じです。

非嫡出子

非嫡出子とは、法律上婚姻関係のない男女を父母として生まれた子です。婚姻届がない男女が父母だという場合になります。そして、このような血縁はあるが、法律上の親子関係がない父子間に、法律上の親子関係を発生させる制度があります。それが認知です。

普通養子

特別養子と区別する場合には、一般的な養子を特に普通養子と呼びます。

縁組は、縁組意思の合致と届出によって成立します。

養子は、縁組の日から、養親の嫡出子たる身分を取得します。養子と養親

およびその血族との間においては、養子縁組の日から、血族間におけると同一の親族関係が生じます。法定の血族です。注意すべきは、養子と実方の父母およびその血族との間の親族関係が終了しないことです。これが、次の特別養子との大きな違いです。

　なお、協議または裁判によって離縁することができます。

特別養子

　もっぱら子の福祉を目的とした特別養子の制度が昭和62年に設けられました。非常に厳密な内容になっています。例えば、養親となる者には配偶者がなければならず、かつ、原則として夫婦がともに養親とならなければなりません。また、原則として、養親は25歳以上、養子となる者は15歳未満でなければなりません。

　原則として、普通養子の場合と同様の効果が生じますが、養子と実方の父母およびその血族との親族関係は終了します。実方との関係が終了することに注意です。また、原則として、離縁は認めません。

ポイント

実子⇨嫡出子と非嫡出子
養子⇨普通養子と特別養子

第5編　私法とは何か？

ミニテスト

1　推定される嫡出子の場合に子の嫡出性を争うには、親子関係不存在確認の訴えによらなければならない。

解答　1　× 嫡出否認の訴えによらなければなりません。

17 相続一般

相続人、相続の順位、相続の承認・放棄などのテーマです

Q 借金は相続されないの？

A 借金も相続されるよ。

意義

相続とは、ある人が死亡した場合に、その者の財産上の法律関係が、その者と一定の身分関係のある者に包括的に移転することをいいます。

相続人は、被相続人の財産に属した一切の権利義務を承継するのが原則です。権利だけでなく、借金などの義務も承継します。ただし、被相続人の一身に専属したものは、相続の対象となりません。例えば、生活保護法の保護受給権などです。

相続人

相続人には、被相続人の配偶者と、子・直系尊属・兄弟姉妹がなり得ます。

配偶者とその他は、別枠で考えます。被相続人つまり死亡した人に配偶者がいれば、配偶者は相続人となります。配偶者は、子以下の誰かと同時に共同相続人となります。

子などには順番があり、同時には相続人になりません。まず第1順位として、被相続人に子がいれば、子のみが相続人となります。次に、被相続人に

子がいなければ、第2順位として、被相続人の父母などの直系尊属が相続人となります。最後に、被相続人に子も直系尊属もいない場合に、第3順位として、被相続人の兄弟姉妹が相続人になります。

①代襲相続

代襲相続とは、相続開始以前に、相続人である子または兄弟姉妹が死亡、欠格、廃除によって相続権を失っている場合に、その相続人の子（あるいは孫）が代わりに相続する制度です。例えば、Aが死亡する以前に子Bが死亡しているが、Bには子Cがいるという場合、Cは、Bがもらうはずだった財産を相続できるという制度です。

②相続欠格と推定相続人の廃除

相続欠格は、一定の不行跡事由をなした者について、その者の持っている相続権を失わせる制度です。欠格事由には、故意に被相続人または相続について先順位もしくは同順位にある者を死亡に至らせ、また至らせようとしたため、刑に処せられた者などがあります。

推定相続人の廃除は、遺留分を有する推定相続人（相続が現在開始されれ

ば相続人になる者）が被相続人に虐待または重大な侮辱を加えたときや、推定相続人に著しい非行があるときに、被相続人の請求により、家庭裁判所が審判により相続権を失わせる制度です。

相続の承認・放棄

相続の承認・放棄には、3種類あります。

①単純承認

単純承認とは、相続人が被相続人の権利義務を無限に承継することです。財産を全部、単純に承認します。プラス財産が多ければ何の問題もなく、一定期間放っておけばこれになります。相続人が、熟慮期間内（相続人が自己のために相続の開始があったことを知った時から3か月以内）に限定承認または相続放棄をしなかったときなどは、単純承認をしたものと扱われます。

②限定承認

限定承認とは、相続人が、被相続人の債務および遺贈の弁済を相続財産の限度でのみ行うという留保つきで承認することです。被相続人の財産のプラス、マイナスが不明な場合のために用意されたものです。仮に相続財産が500万円だった場合、もし、後で借金が1,000万円だとわかっても、500万円払えば、それ以上責任を負いません。

③相続放棄

相続放棄とは、相続の開始によって生じた不確定な相続の効力を拒絶することです。相続放棄がなされると、その者はその相続に関して初めから相続人にならなかったものとみなされます。被相続人に明らかに借金が多いなど、相続財産のマイナスが多い場合のために用意されたものです。

相続人⇨配偶者と①子、②直系尊属、③兄弟姉妹

順位	1.原則		2.子孫がいないとき		3.直系尊属もいないとき	
相続人	配偶者	子	配偶者	直系尊属	配偶者	兄弟姉妹
法定相続分	1/2	1/2	2/3	1/3	3/4	1/4

ミニテスト

1　配偶者と子2人が相続人である場合、それぞれの相続分は、配偶者が2分の1、子が4分の1ずつである。

 1　○

117

18 | 遺言

遺言は、ある人の最終意思です

Q 一度行った遺言を撤回できるの？

A 自由にできるよ。

意義

遺言（いごん、ゆいごん）とは、一定の方式で表示された死者の生前の最終意思として法的効果を与えられる単独の意思表示です。遺言は、遺言者の死亡の時からその効力を生じます。

遺言者の死後に効力を生じるため、遺言によってなし得る事項は、法律によって特に許されたものに限られます。例えば、認知、相続人の廃除等、民法に定める事項のほか、包括遺贈や特定遺贈などです。したがって、法定の事項にあたらない内容の遺言は、無効となります。

遺言の能力

15歳に達した者は、単独で遺言をすることができます。したがって、未成年者でも15歳以上なら遺言ができることになります。

遺言の方式

遺言は、民法に定める方式に従わなければ行うことができません。民法は、普通の方式については、次の3種類を定めています。

第1は、自筆証書遺言です。遺言の全文・日付・氏名を自書、つまり手書きして、これに押印して行います。自筆が要求されるので、自筆証書遺言といいます。録音やワープロ書きも許されません。作成年月日のないものなどは無効になります。第2は、公正証書遺言です。証人2人以上の立会いの下、遺言者が遺言の趣旨を公証人に口授し、これを公証人が口述筆記し、公正証書にして行います。公証役場という公の機関に行って、公証人に書いてもらうものです。第3は、秘密証書遺言です。封印した遺言書を公証人に提出して行います。内容が秘密なので秘密証書遺言といいます。

なお、遺言は、2人以上の者が、同一の証書ですることができません。遺言は、各人の最終意思だからです。したがって、夫婦であっても、同一の証書により遺言することはできません。

遺贈

遺贈（いぞう）とは、遺言による贈

与、財産処分をいいます。

　遺言者は、包括遺贈または特定遺贈をすることができます。包括遺贈とは、遺産の全部または一部を一定の割合で示してする遺贈をいい、遺産の全部または一部を割合として取得するから、権利のほか義務も負うことがあります。これに対し、特定遺贈とは、遺贈される財産が特定されている遺贈をいい、権利のみを与える遺言処分です。

遺言の撤回

①遺言撤回自由の原則

　遺言者は、いつでも、遺言の方式に従って、その遺言の全部または一部を撤回することができます。遺言撤回自由の原則です。遺言は最終意思なので、遺言者の気が変わったらいつでも書き直すことができるのです。撤回の方式は、遺言の方式によらなければな

りませんが、撤回される遺言と同一の方式でなくてもかまいません。例えば、公正証書遺言を自筆証書遺言の方式で撤回することもできます。

②法定撤回

　前の遺言と後の遺言とが抵触するときは、その抵触する部分については、後の遺言で前の遺言を撤回したものとみなされます。したがって、被相続人の死後に矛盾する内容の遺言が2通出てきた場合には、後の遺言が効力を有します。また、遺言者が故意に遺言書を破棄したときも、その破棄した部分については、遺言を撤回したものとみなされます。遺言者が故意に遺贈の目的物を破棄したときも同様です。

③遺言撤回権の放棄の禁止

　遺言者は、その遺言の撤回権を放棄することができません。遺言は最終意思だからです。いつでも撤回したくなれば撤回できるのです。

第5編　私法とは何か?

ポイント

遺言の方式➡️①自筆証書遺言　②公正証書遺言　③秘密証書遺言

- - - - - - ミニテスト - - - - - -

1　遺言者は、いつでも、遺言の方式に従って、その遺言の全部または一部を撤回することができる。

　1　○

19 | 商法

商人や商行為には民法ではなく商法が適用されるので、ここで商法をみましょう

Q 商法と民法で矛盾する規定があるときはどっちが優先？

A 商法が優先するよ。

商法と民法

商法は民法の特別法です。特別法は一般法に優先するので、商事に関する法律上の問題が発生した場合、まず商法を適用するのです。

商法1条2項では、商事については商法が適用されますが、商法に定めがない事項については商慣習に従い、商慣習がないときは、民法の定めるところによるものとされています。

商人と商行為

商人と商行為の概念の定め方には、大きく分けて2つの立場があります。

まず、商行為とは何かを明確にし、商行為を行なった者を商人とする考え方で、これを商行為法主義といいます。まず商行為概念ありきとする考えです。逆に、商人とは何かを明確にし、商人の行なった行為を商行為とする考え方を商人法主義といいます。まず、商人概念ありきとする考えです。

ただし、どちらかの一方の考え方だけ採ると不都合が生じるので、通常は、一方を原則として、他方を加味する中間的な考え方である折衷主義が採られます。

日本の商法は、商行為法主義を原則とし、それで足りない部分について商人法主義を導入する折衷主義です。すなわち、まず商行為概念を定め、この商行為を営業として行う者を商人とするという商行為法主義を原則とします。他方で、商行為概念を前提としない商人である擬制商人を認め、また、商人概念から導き出される商行為である附属的商行為を定めるという商人法主義を加味しています。

以下、順次、説明していきます。

絶対的商行為

絶対的商行為とは、行為の客観的性質から高度の営利性が認められるため、営業としてなされるか否かを問わず商行為とされるものです。なお、「営業として」とは、営利目的で反復継続して、つまり、お金を儲けるために繰り返して行うという意味です。

商人以外の者が1回限り行った場合でも常に商行為とされるので、絶対に商行為だという意味で、絶対的商行為

といいます。次の４種類です。

①投機購買とその実行行為

　安く仕入れて（投機購買）高く売る（実行行為）ことによって、差額を利益とすることです。具体的な職種としては、デパート、スーパーが典型例です。品物をまず安く仕入れて、その後高く売って、差額を儲けます。

②投機売却とその実行行為

　①の逆パターンです。先に高く売っておいて（投機売却）後に安く仕入れて（実行行為）、差額を利益とすることです。身近な例としては、本の注文販売があります。書店が客の注文に応じてまず定価で売っておき、その後、出版社から仕入れ値で仕入れて、その差額を儲けます。

③取引所においてする取引

　取引所では、取引が大量に専門技術的・定型的に行われます。証券取引所で行われる株の売買などが具体例です。

④商業証券に関する行為

　手形の振出等が商業証券に関する行為です。

絶対的商行為
　①投機購買と実行行為　②投機売却と実行行為　③取引所の取引
　④商業証券の行為

ミニテスト

1　投機貸借とその実行行為は、絶対的商行為である。
解答　1　✕「売買」ではなく「貸借」だから誤りです。

20 | 商人と商行為1

商人・商行為の続きです

営業的商行為

営業的商行為とは、営業として行われるときに初めて商行為となるものをいいます。営業として行われることによって営利性が認められるとされる行為です。次の13種類です。

①投機貸借とその実行行為

売買ではなく、賃貸借になります。いわゆるレンタル業です。レンタカー店などが具体例です。

②他人のための製造・加工に関する行為

酒類醸造業（製造）、クリーニング店（加工）などが具体例です。

③電気・ガスの供給に関する行為

電力会社、ガス会社ですので、○○電力・○○ガスが例です。

④運送に関する行為

運送業です。宅配便が例です。

⑤作業・労務の請負

建設業が典型例なので、ゼネコンが例です。

⑥出版・印刷・撮影に関する行為

出版業、印刷業、写真屋が例です。

⑦場屋営業

場屋（じょうおく）営業とは、客が一定の設備を利用することを目的とする契約です。ホテル、旅館が例です。

⑧両替その他の銀行取引

銀行取引とは、与信と受信の両行為を行う金融機関の行為をいいます。与信、つまり信用を与える＝お金を貸すことと、受信、つまり信用を受ける＝お金を預かることの両業務が必要です。したがって、銀行が典型例です。

⑨保険

営利保険を意味します。保険会社が典型例です。

⑩寄託の引受け

物を預かる契約ですので、倉庫業が例です。

⑪仲立ち・取次ぎ

証券会社が典型例です。

⑫商行為の代理の引受け

損害保険の代理店が典型例です。

⑬信託の引受け

他人の財産の管理運用を引き受ける信託会社が例です。

絶対的商行為（4）＋営業的商行為(13)
＝基本的商行為(17)

　以上、絶対的商行為の4個と営業的商行為の13個を合わせた計17個が基本となる商行為なので、これらを基本的商行為といいます。商法は、まずこの17個を商行為であると規定しています。

固有の商人

　商法でいう商人には、本来の商人である固有の商人と、商人とみなされる擬制商人の2種類があります。

　まず固有の商人とは、自己の名をもって商行為をすることを業とする者をいいます。本来の商人という意味で、固有の商人といいます。自己の名をもってとは、自分が名義人となってという意味です。商行為とは、基本的商行為を意味します。つまり、17個のうちのどれかです。業とするとは、営利目的で計画的に反復継続することを意味します。したがって、固有の商人とは、自己が名義人となって基本的商行為を営利目的の下で反復継続する者ということになります。よって、○○デパートなどが具体例です。

　営業的商行為
　　①投機貸借と実行行為　②製造・加工に関する行為
　　③電気・ガスに関する行為　④運送に関する行為　⑤作業・労務の請負
　　⑥出版・印刷・撮影に関する行為　⑦場屋営業　⑧銀行取引　⑨保険
　　⑩寄託の引受け　⑪仲立ち・取次ぎ　⑫商行為の代理の引受け
　　⑬信託の引受け

第5編
私法とは何か？

ミニテスト

1　固有の商人とは、自己の名をもって商行為をすることを業とする者をいう。
 1　○

21 | 商人と商行為2

商人・商行為の最後です

Q　擬制って、どういう意味？

A　みなす、という意味だよ。

商行為法主義と商人法主義

　前テーマまでが、商法の原則である商行為法主義の内容になります。まず商行為概念ありきです。商法は、まず17個を商行為と規定し、それを行う者を商人としています。

　以下が、加味される商人法主義で、最終的に折衷主義になります。次に擬制商人を説明します。

擬制商人

　17個の基本的商行為を行うことを目的としませんが、その経営方式・企業形態から商人とみなされる者をいいます。みなされる＝擬制されるので、擬制商人といいます。基本的商行為を前提としない商人なので、まず商人概念ありきという商人法主義の考えです。

　擬制商人という概念が必要となるのは、17個の基本的商行為の中には、原始生産者（農・林・漁・鉱業者）の行為が含まれていないからです。次の2種類の営業者です。

①店舗営業者

　店舗営業者とは、店舗その他これに類似する設備によって物品を販売することを業とする者です。

　いわゆる行商は含まないことに注意が必要です。例えば、農業を営む者が、自作の野菜を、店舗を設けて販売するときは商人となりますが、持ち歩いて売るときは商人となりません。

②鉱業営業者

　鉱業を営む者です。鉱業は、通常、大規模設備を伴うからです。

附属的商行為

　附属的商行為とは、（固有・擬制）商人が、その営業のためにすることによって商行為となるものをいいます。

　商人の営業に附属し補助するので、附属的商行為といいます。ここで、A→商人B→C間の投機購買とその実行行為を出発点にして考えてみましょう。

　ABC間の取引には商法が適用されます。この場合に、BがAから仕入れるにあたって資金が不足したためDからお金を借りたとします。Dが銀行でない場合、BD間の取引は基本的商行為に当たらないため、民法が適用されることになりそうです。

しかし、目的であるＡＢＣ間の絶対的商行為に商法が適用されるのに、手段であるＢＤ間のお金の貸し借りには民法が適用されるのでは、バランスを失します。

　そこで、投機購買を行うことによって商人となったＢが、その営業のために行った行為も附属的商行為として商法を適用するのです。したがって、ＢＤ間にも商法が適用されることになります。

　この附属的商行為は、商人が行った行為を商行為としたものです。つまり、まず商人概念ありきという商人法主義です。まず商人（固有の商人と擬制商人）がいて、その商人が行った行為を商行為としています。

　以上から、商法は、原則としては商行為法主義を採り、そこに商人法主義を加味していることになります。折衷主義です。

商人の種類
　①固有の商人
　　　→自己の名をもって商行為をすることを業とする者
　②擬制商人
　　店舗営業者
　　　→店舗その他これに類似する設備によって物品を販売することを業とする者
　　鉱業営業者
　　　→鉱業を営む者

ミ ニ テ ス ト

1　原始生産者である農業を営む者が、自作の野菜を持ち歩いて売るときは、商人になる。
2　附属的商行為とは、商人がその営業のためにすることによって商行為となるものをいう。

解答　1　×　商人になりません。　2　○

22 | 会社法

超大企業から零細企業まで、いろいろな会社があります

Ⓠ 会社法上の会社はいくつあるの？

Ⓐ 4種類だよ。

会社

　会社とは、会社法の規定によって設立された、営利を目的とする法人です。会社法によって設立される会社には、**株式会社**、**合名会社**、**合資会社**、**合同会社**の4種類があります。

①営利性

　営利とは、簡単にいえばお金儲けですが、ここでは、対外的な活動によって利益を得て、かつ、その利益を出資者に分配することをいいます。法律用語で出資者のことを「社員」といいます。株式会社であれば株主を指します。

②法人性

　法人とは、自然人（人間）以外で権利・義務の帰属主体となる地位を有する者です。この権利・義務の帰属主体となる地位のことを、権利能力または法人格といいます。

　会社は法人なので、権利を取得したり、義務を負担することができます。ただし、自然人とは違うので、生命・身体に関する権利や親族・相続上の権利などは取得できないなどの制限があ

ります。

株式会社

①意義

　会社法の中心となる会社です。社員の地位が株式と呼ばれ、その社員（＝株主）が会社に対し各自の保有する株式の引受価額を限度とする出資義務を負うだけで、会社債権者に対しては何らの責任も負わない会社です。

　株式会社は、大規模事業を営むために考え出された会社形態です。株主は間接有限責任しか負わないので責任が軽い、責任が軽ければ安心して出資ができる、多くの人が出資してくれれば会社規模を大きくできる、というわけです。

　このために株式会社は、間接有限責任しか負わない社員のみで構成されており、その社員である株主の地位が株式という形をとっている点が特徴です。株式会社を他の種類の会社と比較した場合の2大特色は、**間接有限責任**と**株式**です。

②間接有限責任

　間接有限責任は、**株主有限責任の原**

則ともいいます。株主が会社に対し各自の保有する株式の引受価額を限度とする出資義務を負うだけで、会社債権者に対しては何らの責任も負わないという原則です。会社債権者とは、当該会社に対して債権をもっている者をいい、会社にお金を貸している者が典型例です。会社債権者に対して直接に責任を負わないので間接、引受価額を限度とするので有限の責任です。

持分会社

株式会社以外の会社を持分会社といいます。株式会社以外の小さな会社です。持分とは、共同所有の割合のことで、出資者である各社員が会社を共同所有しているという点に着目して、持分会社といいます。合名会社、合資会社、合同会社の3つで、社員の責任態様によって区別されます。

①合名会社

無限責任社員のみで構成される会社です。株式会社とは真逆の会社です。無限責任とは、社員が会社債務について無限に弁済する責任を負うことで、例えば、会社が1億円の債務をかかえたまま倒産したとすると、社員はその1億円全額について責任を追及されることになります。最も重い責任です。

②合資会社

無限責任社員と有限責任社員で構成される会社です。二元的組織の会社です。株式会社と合名会社の中間レベルの会社というイメージです。

③合同会社

有限責任社員のみで構成される、株式会社でない会社です。最も軽い責任で、株式会社の株主に似ていますが、株式会社と比べ、機関設計が単純なので、より自由に会社経営ができます。ベンチャー起業向けといわれます。

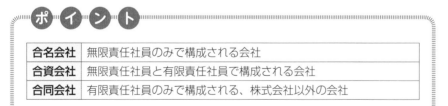

ポイント

合名会社	無限責任社員のみで構成される会社
合資会社	無限責任社員と有限責任社員で構成される会社
合同会社	有限責任社員のみで構成される、株式会社以外の会社

ミニテスト

1　合同会社とは、無限責任社員のみで構成される会社である。

解答　1　×　合名会社です。

23 | 株式

株式会社の会社名になっている「株式」は、株主の地位・権利のことです

> Q 株式って、自由に売り買いできるの？
>
> A 原則として、自由だよ。

意義・本質

　株式会社の社員の地位のことを株式といいます。株式会社に出資した者の地位・権利という意味です。

　株主は株式会社の社員なので、株主は社員として会社に対してさまざまな権利を持っています。このさまざまな権利を総称して社員権といいます。したがって、株式の本質は社員権ということになります。この社員権は、会社から経済的利益を受けることを目的とする権利である自益権（剰余金配当の請求権など）と、会社の経営に参加することを目的とする権利である共益権（株主総会の議決権など）の2つから成ります。

株主平等の原則

　株主平等の原則とは、株主は、株主としての資格に基づく法律関係については、その保有株式の内容および数に応じて平等に取り扱われなければならないとする原則です。具体的には、Aが1株主、Bが10株主の場合に、Aに配当が100円であれば、Bには1,000円。

Aが議決権1票であれば、Bは10票ということです。株主一人ひとりが完全に平等という意味ではなく、持株数に応じた比例的な平等を意味します。

　この原則は株式会社全体に通じる基本原則なので、その例外は、不利益を受ける株主の承諾がある場合と、次のような明文の規定がある場合の2つしか認められません。

株式の種類

　いろいろな種類の株式があります。代表的なものは次の通りです。
①剰余金配当について内容の異なる株式

　会社は、剰余金の配当について内容の異なる株式を発行することができます。標準となる株式を普通株といいますが、それよりも優先的な地位が与えられる優先株などが例です。
②議決権制限株式

　議決権を行使できる事項について制限が存在する株式です。ある種類の株式は株主総会決議事項のすべてについて議決権を有するが、他の種類の株式は一切の事項につき議決権を有しない

（完全無議決権株式）などです。

③譲渡制限株式

次にみる株式の譲渡による取得について、会社の承認を必要とする株式です。

株式譲渡自由の原則と例外

株式譲渡自由の原則とは、株主は株式を自由に譲渡できるとする原則です。例えば、宝石などは自由に譲渡、つまり売却することができます。これと同じように、株式も原則として自由に譲渡、つまり売却することができるのです。株式にも財産的価値があるからです。

ただし、さまざまな理由によって、譲渡が制限される場合があります。株式譲渡自由の例外となる株式譲渡の制限です。株式を自由に売ることができない場合です。

譲渡制限の具体例として、株式譲渡に会社の承認を要する株式である譲渡制限株式の発行が挙げられます。株式会社の中には、家族経営の会社などの小規模閉鎖的な会社が多く、このような会社は、好ましくない者が株主となって会社経営を妨害したり、会社を乗っ取ったりすることを防止したいからです。

ポイント

株主平等の原則⇨株主としての資格に基づく法律関係について、保有株式の内容・数に応じて平等に取り扱わなければならない。

株式譲渡自由の原則⇨株主は、株式を自由に譲渡できる。

ミニテスト

1　株主は、株主としての資格に基づく法律関係については、その保有株式の内容および数に応じて平等に取り扱われなければならないから、その例外は、不利益を受ける株主の個別的な承諾がある場合に限られる。

解答　1　×　明文の規定がある場合も例外となります。

24 株式会社の設立

会社の設立は、人間に例えると出生にあたります

Q どんな方法があるの？

A 発起設立と募集設立の2つだよ。

設立方法

設立手続の中心人物となるのは、発起人（ほっきにん）です。発起人とは、定款（ていかん）に、発起人として署名または記名押印した者をいいます。定款は、会社の組織や活動を定めた根本規則です。発起人は1人、または、複数人が存在する場合があります。

株式会社を設立する方法には、次の2つがあります。

①発起設立

発起設立とは、設立に際して発行する株式の全部を発起人が引き受けて会社を設立する方法です。発起人のみによる設立なので発起設立といいます。実際に多い、比較的小さな株式会社の設立向きです。

②募集設立

募集設立とは、設立に際して発行する株式の一部（最低1株）を発起人が引き受け、残余については他から引受人を募集して会社を設立する方法です。発起人以外の者を広く募集するので、募集設立といいます。

設立手続

設立手続は、①定款の作成から始まり～⑤設立の登記で終わる一連の手続です。

定款作成 ──────→ 設立登記（会社成立）

①定款の作成

設立手続は、定款の作成から始まります。発起人はまず、定款を作成しなければなりません。そして、作成した定款は、公証人の認証を得なければなりません。

②株主の確定

まず、株式発行事項の決定です。どのような種類の株式を、いくらで、何株発行するかを決定します。この決定には、発起人全員の同意が必要です。

以上までは、発起設立と募集設立とも共通です。発起設立と募集設立とで相違が生じるのは、次の株式の引受けからです。

すなわち、発起設立の場合は全株式を、募集設立の場合はその一部を発起人が引き受けます。さらに、募集設立

の場合は、残余の株式について株式引受人を募集しなければなりません。

③会社財産の確保

発起設立の場合は、発起人は株式引受けが確定した後遅滞なく、募集設立の場合は、引受人は払込期日または期間内に、全額の払込みなどをしなければなりません。株式引受人が払込みを行わない場合には、株式引受人は失権します。

④設立過程の調査等

発起設立の場合は、発起人が設立時取締役等を選任します。

募集設立の場合は、創立総会で設立時取締役等を選任します。募集設立の場合には、出資の履行が完了すると、創立総会が開催されます。創立総会は、株式引受人全員で構成される設立中の会社の最高機関です。

そして、選任された設立時取締役等は、出資の履行が完了しているか等を調査します。調査の結果、法令・定款違反または不当な事項があった場合は、変更されます。

発起設立と募集設立とで相違が生じるのは、ここまでです。最後の設立登記は両者共通です。

⑤設立登記＝会社成立

設立登記により会社は法人格を取得し、設立手続は終了します。会社の成立です。

ポイント

発起設立	設立に際して発行する株式の全部を発起人が引き受けて会社を設立する
募集設立	設立に際して発行する株式の一部を発起人が引き受け、残余については他から引受人を募集して会社を設立する

ミニテスト

1　発起設立とは、設立に際して発行する株式の一部を発起人が引き受け、残余については他から引受人を募集して会社を設立する方法である。

解答　1　×　募集設立の説明です。

25 株式会社の機関

会社の組織上一定の地位にある自然人やその集団のことを機関といいますが、ここでは主要な機関の簡単な説明をします

Q　主な機関には、例えば何があるの？

A　株主総会や取締役会などがあるよ。

株主総会

　株主の集まりである株主総会は、株主によって構成される、会社の意思を決定する必要的機関です。必ず設けなければなりません。会社の持ち主である株主による会議です。

　会社法は、株主総会に会社の意思を決定する権限を与えつつ、会社の規模に応じて、その権限に差異を設けています。すなわち、取締役会非設置会社では、株主総会は万能の機関です。一切の事項について会社の意思を決定できます。これに対し、取締役会設置会社では、会社法と定款に規定された事項の2つについてしか会社の意思を決定できません。

　株主総会は招集によって始まります。定時株主総会と臨時株主総会の2種類があります。定時株主総会は、毎事業年度の終了後一定の時期に招集される株主総会で、通常、計算書類の報告・承認および利益処分の決議がなされます。臨時株主総会は、必要に応じて随時に招集される株主総会です。

取締役

　経営者である取締役の意義は、会社の種類によって次の2つに分かれます。

　取締役会非設置会社の取締役は、会社の業務を執行する必要的機関です。これに対し、取締役会設置会社の取締役は、取締役会を構成し、会社の業務執行の決定と取締役の職務執行の監督権を有する者です。取締役会非設置会社の取締役は、会社の機関ですが、取締役会設置会社の取締役は、機関である取締役会のメンバーであって、会社の機関自体ではないことに注意です。

　員数は、取締役会非設置会社では、1人以上です。これに対し、取締役会設置会社では、3人以上です。取締役会では多数決が行われるので、最低3人は必要だからです。

取締役会

　経営者会議である取締役会は、取締役会設置会社において取締役全員によって構成され、会社の業務執行の意思

決定と取締役の職務執行の監督をする権限を有する必要的機関です。

取締役会の権限は、会社の業務執行の意思決定と取締役の職務執行の監督などです。

代表取締役

代表取締役とは、対内的には業務を執行し、対外的には会社を代表する権限を有する機関です。代表行為とは、対外的な業務執行行為をいいます。

取締役会設置会社の業務執行に関する意思決定は取締役会によって行われますが、取締役会は合議体なので、代表行為を行うには適しません。そこで、取締役会には業務執行の意思決定権限だけを与え、代表行為は代表取締役に行わせることにしました。

これに対し、取締役会非設置会社で

は、各取締役が会社を代表します。ただ、2人以上の取締役が存在する場合、全員に代表権を与えることが現実的でない場合もあります。この場合には、代表取締役の選定を認めました。

員数に制限はないので、1人でも数人でもかまいません。なお、社長・副社長などという名称は単なる会社内部の職階制にすぎず、会社法上は会社の責任追及の原因となるほかは、特に意味はありません。注意しましょう。

監査役

チェック役である監査役は、取締役などの職務執行の監査をする権限を有する機関です。会計・業務に関して取締役などの職務執行を監査するための内部機関として、設けられます。員数は、1人でも数人でもかまいません。

取締役会非設置会社の株主総会	株式会社に関する一切の事項についての会社の意思決定（万能）。
取締役会設置会社の株主総会	会社法・定款に規定された事項についての会社の意思決定。

ミニテスト

1　取締役会設置会社の株主総会は、株式会社に関する一切の事項についての会社の意思を決定することができる。

解答　1　×　一切の事項についてできるのは、取締役会非設置会社の方です。

133

1 労働契約

労働法のなかで、最も重要なのは労働基準法です

Q 労働法の労働関係は、どのような内容に分かれるの？

A 個別的関係と集団的関係だよ。個別的関係では、まず労働契約が大切。

労働条件

労働基準法では、労働条件の決定につき、労働条件は、労働者と使用者が、対等の立場において決定すべきものであることを規定し、労働者および使用者は、労働協約、就業規則、労働契約を遵守し、誠実に各々その義務を履行しなければならないことを規定しています。

また、使用者は、労働者の国籍、信条、社会的身分を理由として、賃金、労働時間その他の労働条件について、差別的取扱いをしてはならないこと（均等待遇）、労働者が女性であることを理由として、賃金について、男性と差別的取扱いをしてはならないこと（男女同一賃金）、暴行、脅迫、監禁その他精神または身体の自由を不当に拘束する手段によって、労働者の意思に反して労働を強制してはならないこと（強制労働の禁止）などについての規定も置かれています。

労働基準法違反

労働基準法で定める基準に達しない労働条件を定める労働契約は、その部分については無効になります。この場合に無効となった部分は、労働基準法で定める基準が適用されます。

契約期間

労働契約は、期間の定めのないものを除いて、一定の事業の完了に必要なものの他は、原則として3年を超える期間について締結してはなりません。

解雇については、次のテーマで説明します。

労働条件の明示

使用者は、労働契約の締結に際し、労働者に対して賃金、労働時間その他の労働条件を明示しなければなりません。

明示された労働条件が事実と相違する場合、労働者は即時に労働契約を解除することができます。この場合、就業のため住所を変更した労働者が契約解除の日から14日以内に帰郷するときには、使用者は、必要な旅費を負担しなければなりません。

賠償予定の禁止

使用者は、労働契約の不履行について違約金を定めたり、損害賠償額を予定する契約をしてはなりません。

前借金相殺の禁止

使用者は、前借金その他労働することを条件とする前貸しの債権と賃金を相殺してはなりません。

強制貯金

使用者は、労働契約に付随して貯蓄の契約をさせたり、貯蓄金を管理する契約をしてはなりません。ただし、使用者が、労働者の貯蓄金を委託を受けて管理することは、一定の規制の下に許されています。

ポ イ ン ト

労働基準法違反	労働基準法で定める基準に達しない労働条件を定める労働契約は、その部分については無効
契約期間	労働契約は、原則として3年を超える期間について締結できない
労働条件の明示	使用者は、労働契約の締結に際し、労働者に対して賃金、労働時間その他の労働条件を明示
賠償予定の禁止	使用者は、労働契約の不履行について違約金を定めたり、損害賠償額を予定する契約はできない
前借金相殺の禁止	使用者は、前借金その他労働することを条件とする前貸しの債権と賃金を相殺できない
強制貯金	使用者は、原則として、労働契約に付随して貯蓄の契約をさせたり、貯蓄金を管理する契約ができない

第6編 労働法とは何か？

ミニテスト

1 労働基準法で定める基準に達しない労働条件を定める労働契約は、その部分については無効になる。この場合に無効となった部分は、労働基準法で定める基準が適用される。

 解答 1 ○

2 | 解雇

労働契約の終了のうち、最も重要な解雇をみましょう

Q 解雇予告義務は絶対なの？

A 例外もあるよ。

意義

労働契約の終了には、期間満了、合意解約、辞職、定年などもありますが、そのうち、解雇とは、使用者が、一方的な意思表示によって、労働契約を解約告知することです。つまり、クビにすることです。

なお、余剰人員の整理を目的とする解雇を整理解雇といいます。

解雇無効

解雇は、客観的に合理的な理由を欠き、社会通念上相当であると認められない場合は、その権利を濫用したものとして、無効とされます。

解雇制限

使用者は、労働者が業務上負傷したり、疾病にかかり療養のために休業する期間とその後30日間、また、産前産後の女性が休業する期間とその後30日間は、解雇してはなりません。

ただし、使用者が打切補償を支払う場合には解雇できます。天災事変その他やむを得ない事由のために事業の継続が不可能となった場合にも、解雇できますが、その事由について行政官庁の認定を受けなければなりません。

解雇予告義務

使用者は、労働者を解雇しようとする場合には、少なくとも30日前にその予告をしなければなりません。30日前に予告をしない使用者は、30日分以上の平均賃金を支払わなければなりません。なお、予告の日数は、平均賃金を支払った日数分を短縮できます。

ただし、天災事変その他やむを得ない事由のために事業の継続が不可能となった場合や、労働者の帰責事由に基づいて解雇する場合には、即時に解雇できますが、その事由について行政官庁の認定を受けなければなりません。

なお、解雇予告義務違反の解雇は、即時解雇としては無効ですが、使用者が即時解雇に固執しなければ、その後30日を経過するか、または予告手当の支払いをしたときに、有効になります。

解雇予告義務の例外

次の労働者には、解雇予告義務が適

用されません。

　ただし、それぞれの期間を超えて引き続き使用されるに至った場合には、適用されます。

①日々雇い入れられるもの（1か月以内）
②2か月以内の期間を定めて使用される者
③季節的業務に4か月以内の期間を定めて使用される者
④試用期間中の者（14日以内）

解雇理由の証明

　労働者は、解雇予告がされた日から退職日までの間に、解雇の理由について証明書を請求できます。この場合には、使用者は、遅滞なく交付しなければなりません。

ポイント

無効	客観的に合理的な理由を欠き、社会通念上相当であると認められない場合は、権利を濫用したものとして無効
制限	労働者が業務上負傷・疾病で療養のために休業する期間とその後30日間、産前産後の女性が休業する期間とその後30日間は、解雇できない（原則）
予告義務	労働者を解雇しようとする場合には、少なくとも30日前にその予告をしなければならない（原則）
証明	労働者は、解雇の理由について証明書を請求できる

ミニテスト

1　解雇は、客観的に合理的な理由を欠き、社会通念上相当であると認められない場合は、その権利を濫用したものとして、無効とされる。
2　使用者は、労働者が業務上負傷したり、疾病にかかり療養のために休業する期間およびその後30日間は解雇できない。
3　使用者は、労働者を解雇しようとする場合には、少なくとも60日前にその予告をしなければなりません。

解答　1 ○　2 ○　3 ×　予告は30日前です。

3 | 賃金

いわゆる毎月のお給料のテーマです

Q 毎月一回払えば、その月のいつ払ってもいいの？

A ダメだよ。

意義

　賃金、給料、手当、賞与その他名称のいかんを問わず、労働の対償として使用者が労働者に支払うすべてのものをいいます。

　賃金支払いには、次の①通貨払い、②直接払い、③全額払い、④毎月一回以上定期日払いの4原則があります。

通貨払いの原則

　賃金は、通貨で支払わなければなりません。

　ただし、法令や労働協約に別段の定めがある場合（現物支給など）、厚生労働省令で定める確実な支払い方法による場合（口座振込など）は例外となります。

例外	法令・労働協約に別段の定め、厚生労働省令で定める確実な支払い方法

直接払いの原則

　賃金は、直接労働者に支払わなければなりません。

　ただし、社会通念上、直接労働者に支払うのと同一の効果を生じる者に支払う場合は例外となります。具体的には、病気で休んだ夫に頼まれて取りに来た妻に手渡すなどです。

全額払いの原則

　賃金は、その全額を支払わなければなりません。

　ただし、法令に別段の定めがある場合（所得税の源泉徴収など）、過半数の代表者との書面による協定がある場合（組合費の天引きなど）は例外となります。

例外	法令に別段の定め、過半数代表者との書面協定

毎月一回以上定期日払いの原則

　賃金は、毎月一回以上、一定の期日を定めて支払わなければなりません。毎月「25日」に支払うなどです。

　ただし、臨時に支払われる賃金（夏・冬のボーナスなど）、厚生労働省令で定める賃金（精勤手当など）は例外となります。

例外	臨時に支払われる賃金、厚生労働省令で定める賃金

非常時払い

使用者は、労働者が出産、疾病、災害などの非常の場合の費用に充てるために請求する場合には、支払期日前でも、既に働いた分の賃金を支払わなければなりません。

出来高払い

出来高払いで使用する労働者につい

ても、使用者は、労働時間に応じて一定額の賃金を保障しなければなりません。

休業手当

使用者の帰責事由による休業の場合には、使用者は、休業期間中、労働者に、その平均賃金の60パーセント以上の手当を支払わなければなりません。

ポイント

賃金支払いの4原則

通貨払い	通貨で支払わなければならない
直接払い	直接、労働者に支払わなければならない
全額払い	全額を支払わなければならない
毎月一回以上定期日払い	毎月一回以上、一定の期日を定めて支払わなければならない

第6編 労働法とは何か?

ミニテスト

1　賃金は、通貨で支払わなければならないが、法令や労働協約に別段の定めがある場合は例外となる。
2　賃金は、その全額を支払わなければならないが、法令に別段の定めがある場合は例外となる。
3　賃金は、毎月一回以上、一定の期日を定めて支払わなければならないが、臨時に支払われる賃金は例外となる。

解答　1○　2○　3○

4 労働時間・休日

働く時間やお休みのテーマです

Q 労働時間の原則は何時間なの？

A 1週40時間、1日8時間だよ。

労働時間

①原則

使用者は、労働者に、休憩時間を除き、1週間に40時間、1日に8時間という法定労働時間を超えて労働させてはなりません。

②例外

1か月単位、1年単位、1週間単位の変形労働時間制や、フレックスタイム制などがあります。

例えば、1か月単位の変形労働時間制は次のようになります。

> 1か月以内の一定期間を平均して1週間当たりの労働時間が、週の法定労働時間の40時間を超えない定めをした場合
> →特定の週または日においてそれぞれ法定労働時間を超えて労働させることができる

フレックスタイム制は、一定の清算期間の中で、労働者が始業・終業時間を自由に選べる制度です。

③労働時間のみなし制

事業場外労働や裁量労働制の規定があります。労働時間の算定が困難な場合に、所定の労働時間労働したものとみなす制度です。

休憩

使用者は、労働時間が6時間を超える場合には少なくとも45分、8時間を超える場合には少なくとも1時間の休憩時間を、労働時間の途中に与えなければなりません。

休日

使用者は、労働者に対して、毎週少なくとも1回の休日を与えなければなりません。ただし、4週間を通じて4日以上の休日を与えることもできます。

時間外・休日労働

使用者は、当該事業場に、労働者の過半数で組織する労働組合がある場合においてはその労働組合、労働者の過半数で組織する労働組合がない場合においては労働者の過半数を代表する者との書面による協定をし、これを行政官庁に届け出た場合においては、労働基準法上の労働時間や休日に関する規

定にかかわらず、その協定で定めるところによって労働時間を延長し、または休日に労働させることができます。労働基準法36条に規定があることから、このような協定は三六協定と呼ばれます。

年次有給休暇

使用者は、その雇入れの日から起算して6か月間継続勤務し全労働日の8割以上出勤した労働者に対して、継続または分割した10労働日の有給休暇を与えなければなりません。

6か月以上継続勤務した労働者に対

しては、次のように加算されます。

> 1年で1日、2年で2日、3年で4日、4年で6日、5年で8日
> 6年以上で10日

使用者は、年次有給休暇を労働者の請求する時季に与えなければなりませんが、それが事業の正常な運営を妨げる場合には、他の時季にあたえることができます（時季変更権）。

年次有給休暇の期間については、平均賃金または所定労働時間労働した場合に支払われる通常の賃金などを支払わなければなりません。

ポイント

労働時間	1週間40時間、1日8時間（法定労働時間、原則）
休憩	6時間超8時間で最低45分　8時間超で最低1時間
休日	毎週1回（原則）　4週間で4回
年次有給休暇	6か月間継続勤務し全労働日の8割以上出勤した労働者に10日

ミニテスト

1　使用者は、雇入れの日から6か月間継続勤務し全労働日の8割以上出勤した労働者に対して、10労働日の有給休暇を与えなければならない。

解答　1　○

5 | 年少者・女性

年少者や妊産婦を保護するための各種制度をみましょう

Q 18歳未満だと例外があるの？

A 深夜業の禁止などの例外があるよ。

年少者の保護

①最低年齢

使用者は、児童が満15歳に達した日以後の最初の3月31日が終了するまで、使用してはなりません。

ただし、一定の職業で、児童の健康・福祉に有害でなく、かつ労働が軽易なものについて、行政官庁の許可を受けて、満13歳以上の児童を修学時間外に使用できます。さらに、映画製作や演劇の事業では、満13歳未満の児童も使用できます（子役として）。

②未成年者

親権者または後見人の同意を得れば、未成年者本人が労働契約を締結できます。逆に、親権者・後見人は、未成年者に代わって労働契約を締結してはなりません。

なお、親権者、後見人、行政官庁は、労働契約が未成年者に不利であると認める場合には、将来に向かって解除することができます。

また、未成年者は、独立して賃金を請求することができ、親権者または後見人は、未成年者の賃金を代わって受

けとってはいけません。

③満18歳未満

満18歳未満の者には、原則として、変形労働時間制、フレックスタイム制、時間外・休日労働は認められません。

深夜業の制限もあり、原則として午後10時から午前5時までの間において使用してはなりません。

妊産婦の保護

①坑内業務の制限

妊娠中の女性と、坑内業務に従事しない旨を申し出た産後1年を経過しない女性は、坑内のすべての業務に就かせてはなりません。

これ以外の満18歳以上の女性も、坑内での掘削業務など一定のものへの就業が禁止されています。

②危険有害業務の制限

妊娠中の女性と産後1年を経過しない女性（妊産婦といいます）は、重量物を取り扱う業務その他妊娠・出産などに有害な業務に就かせてはなりません。

これ以外の女性も、妊娠・出産に係

る機能に有害な業務への就業が禁止されています。

③産前産後

使用者は、6週間以内（多胎妊娠の場合は14週間以内）に出産予定の女性が休業を請求した場合には、その者を就業させてはなりません。

また、産後8週間を経過しない女性を就業させてはなりません。ただし、産後6週間を経過した女性が請求した場合に、医師が支障ないと認めた業務に就かせることはできます。

④育児時間

生後満1年に達しない生児を育てる女性は、休憩時間のほか、1日2回各々少なくとも30分の育児時間を請求できます。使用者は、この育児時間中は、その女性を使用してはいけません。

⑤生理休暇

生理日の就業が著しく困難な女性が休暇を請求したときは、生理日に就業させてはなりません。

ポイント

年少者	満15歳に達した日以後の最初の3月31日が終了するまでは、就業が原則禁止 満18歳未満は、変形労働時間制、フレックスタイム制、時間外・休日労働、深夜業などが原則禁止 未成年者は、労働契約が締結できる
女性	坑内業務・危険有害業務の就業制限 産前産後の休業 生理休暇

ミニテスト

1　使用者は、産後8週間を経過しない女性を就労させてはならないが、産後6週間を経過した女性が請求した場合に、医師が支障ないと認めた業務に就かせることはできる。

解答　1　○

6 就業規則

職場のルールです

> **Q** どんな使用者が作らなければならないの？
>
> **A** 常時10人以上の労働者を使用する使用者だよ。

意義

就業規則は、常時10人以上の労働者を使用する使用者が、事業場における労働条件や職場規律を定める規則です。

作成・届出の義務

常時10人以上の労働者を使用する使用者は、就業規則を作成し、行政官庁に届け出なければなりません。変更する場合も、同様です。

「10人以上の労働者」には、正職員だけでなく、パートやアルバイトも含みます。なお、使用者は、パートやアルバイトについてのみ適用される就業規則を定めることもできます。

就業規則に記載する事項は次のようなものです。

> 始業・終業の時刻、休憩時間、休日、休暇
> 賃金の決定、計算・支払の方法、賃金の締切・支払の時期、昇給に関する事項
> 退職に関する事項

作成手続

使用者は、就業規則の作成または変更について、労働者の過半数で組織する労働組合などの意見を聴かなければなりません。その際、意見を聴けばよいので、同意まで得る必要はありません。なお、届出に当たっては、この意見を記した書面を添付しなければなりません。

減給

就業規則で、労働者に対して減給の制裁を定める場合には、その減給は、1回の額が平均賃金の1日分の半額を超えることができず、また、総額が1賃金支払期における賃金総額の10分の1を超えることができません。

法令・労働協約との関係

就業規則は、法令または当該事業場に適用される労働協約に反してはなりません。

行政官庁は、法令または労働協約に抵触する就業規則の変更を命じることができます。

労働契約との関係

就業規則で定める基準に達しない労働条件を定める労働契約は、その部分については、無効とされます。この場合に、無効となった部分は、就業規則で定める基準によります。

> 就業規則と労働協約、労働契約の強弱
>
> 　労働協約＞就業規則＞労働契約

- ●常時10人以上の労働者を使用する使用者が、作成し、行政官庁に届け出
- ●減給は、1回の額が平均賃金の1日分の半額を超えることができず、総額が1賃金支払期における賃金総額の10分の1を超えることができない
- ●法令または労働協約に反してはならない
- ●就業規則で定める基準に達しない労働条件を定める労働契約は、その部分については無効

第6編　労働法とは何か？

ミニテスト

1　常時5人以上の労働者を使用する使用者は、就業規則を作成し、行政官庁に届け出なければならない。

2　使用者は、就業規則の作成または変更について、過半数の代表者の同意を得なければならない。

3　減給は、1回の額が平均賃金の1日分の半額を超えることができず、また、総額が1賃金支払期における賃金総額の10分の1を超えることができない。

4　就業規則は、法令または当該事業場に適用される労働協約に反してはならない。行政官庁は、法令または労働協約に抵触する就業規則の変更を命じることができる。

5　就業規則で定める基準に達しない労働条件を定める労働契約は、その部分については、無効とする。この場合に、無効となった部分は、就業規則で定める基準による。

解答　1　×　常時10人以上です。
　　　　2　×　意見を聴けばよく、同意まで得る必要はありません。
　　　　3　○　4　○　5　○

7 労働組合

ここから集団的関係の労働組合の内容をみていきましょう

> Ⓠ 労働組合についてはどんな法律があるの？
> Ⓐ 労働組合法という法律があるよ。

要件

労働組合法上の労働組合とは、労働者が主体となって、自主的に労働条件の維持改善その他経済的地位の向上を図ることを主たる目的として組織する団体またはその連合団体をいいます。

経済的地位の向上が主たる目的なので、唯一の目的である必要はありません。また、単体だけでなく、連合団体も含みます。

ただし、次に該当するものは労働組合ではありません。自主性や目的上の要件を満たさないからです。

①使用者の利益代表者の参加を許すもの
②団体運営の経費支出につき使用者の経理援助を受けるもの
③共済事業その他福利事業のみを目的とするもの
④主として政治運動または社会運動を主たる目的とするもの

①について、使用者の利益代表者の例は、役員、人事権限を持つ監督的地位にある労働者などです。

②について、労働者が労働時間中に時間・賃金を失わずに使用者と協議・交渉することを使用者が許すこと、厚生資金などの福利その他の基金に対する使用者の寄付、最小限の広さの事務所供与は、経理援助に当たりません。

③④について、福利事業のみを目的としない、政治・社会運動を主目的としない場合には、要件を満たします。

取扱い

労働組合は、労働委員会に証拠を提出して、前記の要件および次の民主性の要件（組合規約）に適合することを立証しなければ、労働組合法に規定する手続（不当労働行為の申立てなど）に参与する資格を有せず、かつ救済を与えられません。

ただし、個々の労働者が個人として救済を求める場合には、この資格要件を必要としません。つまり、当該労働者の加入する組合が、この要件に適合する旨を立証する必要はないのです。

主な組合規約は次のような規定です。

①組合員が、組合のすべての問題に
　参与する権利と均等の取扱いを受
　ける権利を有すること
②人種、宗教、性別、門地、身分に
　よって組合員たる資格を奪われな
　いこと
③役員は、組合員などの直接選挙に
　よって選出されるべきこと
④同盟罷業は、組合員などの過半数
　の同意がなければ開始しないこと

労働者

　労働組合法上の労働者とは、職業の
種類を問わず、賃金、給料その他これ
に準ずる収入によって生活する者をい
います。

労働組合法上の定義

労働組合	労働者が主体となって、自主的に労働条件の維持改善その他経済的地位の向上を図ることを主目的として組織する団体またはその連合団体
労働者	職業の種類を問わず、賃金、給料その他これに準ずる収入によって生活する者

ミニテスト

1　労働組合法上の労働組合とは、労働者が主体となって、自主的に労働条件の維持改善その他経済的地位の向上を図ることを主たる目的として組織する団体またはその連合団体をいう。
2　労働者が労働時間中に時間・賃金を失わずに使用者と協議・交渉することを許すこと、福利その他の基金に対する使用者の寄付、最小限の広さの事務所の供与は、経理援助に当たらない。
3　労働組合は、労働委員会に証拠を提出して、一定の立証しなければ、労働組合法に規定する手続に参与する資格を有せず、かつ救済を与えられない。

解答　１○　２○　３○

8 | 団体交渉・争議行為

労働組合の活動内容をみましょう

Q 争議行為の具体例は何？
A 例えば、ストライキだよ。

団体交渉

①意義

　団体交渉とは、労働者の集団または労働組合が、その代表者を通じて、使用者または使用者団体の代表者と、労働条件、待遇の基準、労使関係上のルールについて合意することを目的として行う話合いです。

②当事者

　労働者側の当事者は労働組合です。

　ただし、加盟組合に対して統率力を持つ上位団体も当事者となり得ます。また、労働組合の組織を持たない争議団も、代表者を選んで交渉の体制を整えれば、当事者となり得ます。

③交渉担当者

　労働者側の交渉担当者は、労働組合の代表者または労働組合の委任を受けた者です。

④対象事項

　組合員の労働条件その他の待遇や労使関係の運営に関する事項で、使用者側において解決可能な事項です。

⑤手続

　使用者は、労働組合の代表者と誠実に交渉に当たる義務があります。しかし、使用者には、組合の要求を受け入れたり、要求に対して譲歩をする義務はないので、十分に討議した後に双方の主張が対立し、意見の一致を見ないときに交渉を打ち切ることはできます。

争議行為

①意義

　争議行為とは、同盟罷業（ストライキ）、怠業（サボタージュ）その他、労働関係の当事者がその主張を貫徹することを目的として行う行為などであって、業務の正常な運営を阻害するものです。

②法的保護

　第1に刑事免責があります。正当な争議行為は、刑法上の違法性が阻却され刑罰を科せられません。例えば、威力業務妨害罪、住居侵入罪などは成立しません。

　第2に民事免責があります。使用者は、同盟罷業その他の争議行為であって正当なものによって損害を受けたことを理由として、労働組合またはその

組合員に賠償を請求することができません。

第3に不利益取扱いからの保護です。労働者が正当な争議行為に参加したこと、またはそれらを指導したことを理由として、解雇その他の不利益な取扱いを受けることはありません。

③正当性

争議行為の主体となるのは、前記の団体交渉の当事者となり得る者で、争議行為の目的となるのは、前記の団体交渉の対象事項となり得る事項です。

手段や態様に関しては、労務の完全な不提供または不完全な提供という消極的な態様にとどまる限りは、原則として正当です。しかし、争議権の行使であっても、使用者の企業施設に対する所有権その他の財産権との調和を乱すと、違法となります。もちろん、暴力の行使は、違法です。

ポイント

争議行為の法的保護

刑事免責	正当な争議行為は、刑法上の違法性が阻却され刑罰を科せられない
民事免責	使用者は、同盟罷業その他の争議行為であって正当なものによって損害を受けても、労働組合またはその組合員に損害賠償を請求することができない
不利益取扱いからの保護	労働者が正当な争議行為に参加したこと、またはそれらを指導したことを理由として、解雇その他の不利益な取扱いを受けることはない

ミニテスト

1　労働者側の団体交渉の担当者は、労働組合の代表者または労働組合の委任を受けた者である。

2　使用者は、同盟罷業その他の争議行為であって正当なものによって損害を受けたことを理由として、労働組合またはその組合員に賠償を請求することができない。

解答　1 ○　2 ○

9 | 労働協約

労働組合と使用者との約束です

Q 口約束でもいいの？

A ダメだよ。

意義

労働協約とは、労働組合と使用者または使用者団体との間の、労働条件その他に関する協定です。

効力発生

労働協約は、書面に作成し、労働組合と使用者・使用者団体の両当事者が署名または記名押印することによって、その効力を生じます。

期間

①期間を定める場合

労働協約には、3年を超える有効期間の定めをすることができません。3年を超える有効期間の定めをした労働協約は、3年の有効期間の定めをしたものとみなされます。

②期間を定めない場合

有効期間の定めのない労働協約は、当事者の一方が、署名または記名押印した文書によって相手方に解約しようとする日の少なくとも90日前に予告して、解約することができます。

一定の期間を定める労働協約で、その期間の経過後も期限を定めず効力を存続する旨の定めがあるもの（自動延長条項）について、その期間経過後も同様です。

基準の効力

労働協約に定める労働条件その他の労働者の待遇に関する基準に違反する労働契約の部分は、無効とされます。この場合に、無効となった部分は、基準の定めるところによります。労働契約に定めがない部分についても、同様です。

拡張適用

①事業場単位

1つの工場事業場に常時使用される同種の労働者の4分の3以上の数の労働者が1つの労働協約の適用を受けるに至ったときは、当該工場事業場に使用される他の同種の労働者に関しても、当該労働協約が適用されるものとします。

②地域的

1つの地域において従業する同種の労働者の大部分が1つの労働協約の適

用を受けるに至ったときは、当該労働協約の当事者双方または一方の申立てに基づき、労働委員会の決議により、厚生労働大臣または都道府県知事は、当該地域において従業する他の同種の労働者および使用者も当該労働協約の適用を受けるべきことの決定をすることができます。なお、労働委員会は、この決議をする場合に、当該労働協約に不適当な部分があると認めたときは、これを修正することもできます。

ユニオン・ショップ協定

団結権を強化するために、組合への加入を強制する制度をショップ制といいます。そのうち、使用者が非組合員や組合からの脱退者を解雇する義務を負うものが**ユニオン・ショップ**です。

効力発生⇨書面に作成し、両当事者が署名または記名押印することによる
期間⇨期間を定める場合は、3年まで
　　　⇨期間を定めない場合は、最低90日前に予告して解約できる
基準の効力⇨労働協約に定める労働条件その他の労働者の待遇に関する基準に違反する労働契約の部分は無効
拡張適用⇨1つの工場事業場に常時使用される同種の労働者の4分の3以上の労働者が1つの労働協約の適用を受けるに至ったときは、当該工場事業場に使用される他の同種の労働者に関しても、当該労働協約を適用

第6編　労働法とは何か？

ミ ニ テ ス ト

1　労働協約には、3年を超える有効期間の定めをすることができないから、4年の有効期間の定めをした労働協約は、3年の有効期間の定めをしたものとみなされる。

解答　1　○

10 | 不当労働行為

不利益取扱いなどが労働組合法で禁止されています

Q 労働組合法では使用者の不当労働行為についての規制もあるの？

A あるよ。

意義

　労使関係における使用者の不公正な行為のことで、使用者は、不当労働行為をしてはいけません。

　不当労働行為は、労働組合の弱体化を意図する使用者の行為です。したがって、その禁止は、自由な組合活動に対する使用者からの侵害を防止し、労働組合の自主性を確保しようとするものです。なお、労働組合側の不当労働行為という制度は設けられていません。

類型

　労働組合法7条は、不当労働行為を列挙して、使用者に禁止しています。次のような類型があります。

①不利益取扱い

　労働者が、労働組合の組合員であること、労働組合に加入もしくは結成しようとしたこと、労働組合の正当な行為をしたこと、労働委員会へ申立て等をしたことを理由として、その労働者に解雇その他の不利益取扱いをすることです。

②黄犬（こうけん）契約

　労働者が労働組合に加入しないこと、労働組合から脱退することを雇用条件とすることです。

　ただし、労働組合が特定の工場事業場に雇用される労働者の過半数を代表する場合に、ユニオン・ショップ協定を締結することは、許されます。

　なお、黄犬契約は、日本語としてはとてもヘンなのですが、「ひきょうな契約」を意味する英文のYellow dog contractを直訳したものです。

③団交拒否

　使用者が、雇用する労働者の代表者と団体交渉をすることを正当な理由がなくて拒むことです。

④支配介入・経理援助

　労働者が労働組合を結成もしくは運営することを支配介入すること、労働組合の運営のための経費の支出につき経理援助を与えることです。

　ただし、労働者が労働時間中に時間・賃金を失わずに使用者と協議・交渉することを使用者が許すこと、厚生資金などの福利その他の基金に対する使用者の寄付、最小限の広さの事務所

供与は、許されます。

救済

労働委員会は、その裁量により個々の不当労働行為の態様に応じて適切な是正措置を決定し命令する権限を有しています。そして、使用者が労働委員会の救済命令に違反した場合には、罰則が科されます。

労働委員会は、使用者を代表する使用者委員、労働者を代表する労働者委員、公益を代表する公益委員の三者によって構成されます。中央労働委員会と都道府県労働委員会があります。

ポイント

不利益取扱い	労働者が、労働組合の組合員であること、労働組合に加入・結成しようとしたこと、労働組合の正当な行為をしたこと、労働委員会へ申立て等をしたことを理由に、その労働者に解雇その他の不利益取扱いをすること
黄犬契約	労働者が労働組合に加入しないこと、労働組合から脱退することを雇用条件とすること
団交拒否	使用者が、雇用する労働者の代表者と団体交渉をすることを正当な理由がなくて拒むこと
支配介入・経理援助	労働者が労働組合を結成・運営することを支配介入すること、労働組合の運営のための経費支出につき経理援助を与えること

 ミニテスト

1 黄犬契約とは、労働者が労働組合に加入しないこと、労働組合から脱退することを雇用条件とすることである。
2 労働組合が特定の工場事業場に雇用される労働者の過半数を代表する場合に、ユニオン・ショップ協定を締結することは、不当労働行為にならない。
3 労働者が労働時間中に時間・賃金を失わずに使用者と協議・交渉することを使用者が許すこと、厚生資金などの福利その他の基金に対する使用者の寄付、最小限の広さの事務所供与は、不当労働行為にならない。

解答 1 ○ 2 ○ 3 ○

第6編 労働法とは何か？

1 | 民事訴訟の開始

まず、民事訴訟のスタートからみていきましょう

Q 民事の裁判は、何によって始まるの？

A 原告の訴えだよ。

訴え

裁判所に対して、審理および判決を求める原告の申立てをいいます。訴えの提起により、第一審の裁判手続が開始されることになります。

以下、いつ（処分権主義）、誰が（当事者）、どこに（管轄）訴えを起こすのか、順次、説明します。

処分権主義

処分権主義とは、訴訟の開始、審判の範囲、訴訟の終了を当事者の意思にゆだねる主義です。ここで処分権とは、訴訟を終わらせるなど、訴訟を処分できるという意味です。

まず、民事訴訟の開始は当事者の意思にゆだねられており、職権で裁判を開始しないのが原則です（「申立てなければ裁判なし」）。

また、裁判所は、当事者が申し立てていない事項について、判決することができず、当事者は、審判の範囲（訴訟物といいます）を特定できます。

さらに、判決確定前ならば、当事者が訴えの取下げや和解などにより訴訟を終了させることもできます。

当事者

訴えまたは訴えられることによって、判決の名あて人になるのが当事者です。訴えた当事者が原告、訴えられた当事者が被告です。

①当事者能力

民事訴訟の当事者になることができる能力を当事者能力といいます。民法の権利能力に相当します。したがって、自然人は当事者能力を持ちます。

②訴訟能力

民事訴訟で訴訟行為を行い、または訴訟行為を受けることができる能力を訴訟能力といいます。訴訟ができるから、訴訟能力です。民法の行為能力に相当します。

③当事者適格

当事者として訴訟を追行できる資格を当事者適格といいます。当事者に適した、ふさわしい資格という意味です。

管轄

①事物管轄

どの種類の裁判所に提起するかとい

う意味です。

　原告が請求する訴訟の目的の価額が140万円を超える場合および不動産に関する訴訟は地方裁判所、140万円以下の場合には簡易裁判所に提起します。

　また、家庭に関する事件の審判・調停などは、家庭裁判所の管轄になります。

②土地管轄

　どの場所の裁判所に提起するかという意味です。事件の性質に関係のない普通裁判籍と、特定の事件についてのみの特別裁判籍があります。

　普通裁判籍は、被告の住所地が原則です。特別裁判籍は、義務の履行地、不法行為地、不動産の所在地などです。

訴状の提出

　訴状には、当事者と、訴訟物を特定するための事項（請求の趣旨と原因）を記載しなければなりません。

　民事訴訟には、給付訴訟、確認訴訟、形成訴訟の３類型があります。給付訴訟は、金銭の給付や物の引渡しなどを求める訴訟で、例えば「被告は原告に、金○○円支払え」などの判決を求めます。確認訴訟は、権利義務などを確認する訴訟で、例えば「原告と被告間で、□□不動産の所有権を確認する」などの判決を求めます。形成訴訟は、法律関係が形成される訴訟で、例えば「原告と被告は離婚する」などの判決を求めます。

処分権主義⇒訴訟の開始、審判の範囲、訴訟の終了を当事者の意思にゆだねる主義

ミニテスト

1　訴状には、当事者と訴訟物を特定するための事項を記載しなければならない。
 1 ○

2 口頭弁論 1

次に、口頭弁論の原則をみましょう

Q 弁論主義の反対は何？

A 職権探知主義だよ。

弁論主義の原則

弁論主義とは、裁判の基礎となる資料である審理に必要な事実や証拠の収集を当事者の責任かつ権能とする原則です。

具体的には、次の3つの内容になります。

①当事者の主張しない事実は、証拠調べの結果判明したとしても、裁判所は、その事実を認定して、裁判の基礎とすることができません。
②当事者間で争いのない事実は、裁判所は、証拠調べをすることなく、当然に裁判の基礎にしなければなりません（自白の拘束力）。
③当事者が申し出た証拠についてのみ証拠調べが行われ、裁判所は職権で証拠調べをしてはなりません（職権証拠調べの禁止）。

攻撃防御方法

原告が本案（主張内容のことです）の申立てを基礎づけるために提出する一切の裁判資料のことを、攻撃する方法なので攻撃方法といい、逆に、被告が本案の申立てを基礎づけるために提出する一切の裁判資料を防御方法といいます。

攻撃防御方法には、権利の発生、変更、消滅を内容とする法律上の主張、事実の存否に関する主張である事実上の主張、相手方の主張に対する認否、証拠の申出があります。

そして、事実上の主張に対する相手方の認否には、相手方の主張する事実を否定する否認、相手方の主張する事実を知らないという不知、相手方の主張する事実について明確な態度を示さない沈黙、相手方の主張する事実を認める自白などがあります。

また、相手方の主張と両立し、かつ、請求を排斥することができる事実上の主張を、対抗的な弁論なので抗弁といいます。

弁論主義の修正

当事者の訴訟追行能力は完全ではなく、また両当事者の能力が同じであるとは限らないため、弁論主義を形式的に適用すると、当事者間に不公平が生

じる可能性もあります。

そこで、弁論主義を修正する訴訟指揮権の１つとして、釈明権が認められています。釈明権とは、事実上または法律上の事項に関して、当事者に問いを発したり、立証を促したりすることです。

釈明権を行使するのは、原則として裁判長ですが、当事者も裁判長に対して、必要な発問を求めることができます。

職権探知主義

弁論主義とは反対に、裁判の基礎となる資料である審理に必要な事実や証拠の収集を裁判所の責任かつ権能とするのが職権探知主義です。

なお、訴訟要件（本案審理の前提となる要件です）の存否などについて、当事者の申立てを待たずに裁判所が自ら職権で調査を開始できる事項を職権調査事項といいます。

弁論主義⇨裁判の基礎となる資料である事実や証拠の収集を当事者の責任かつ権能とする
①当事者の主張しない事実を、裁判の基礎とすることができない
②当事者間で争いのない事実は、裁判の基礎にしなければならない
③裁判所は、職権で証拠調べをしてはならない
釈明権⇨事実上・法律上の事項に関して、当事者に問いを発したり、立証を促すこと
職権探知主義⇨裁判の基礎となる資料である事実や証拠の収集を裁判所の責任かつ権能とする

ミニテスト

1　当事者間で争いのない事実は、裁判所は、証拠調べをすることなく、当然に裁判の基礎にしなければならない。
2　当事者が申し出た証拠についてのみ証拠調べが行われ、裁判所は職権で証拠調べをしてはならない。
3　事実上または法律上の事項に関して、当事者に問いを発したり、立証を促したりすることを、釈明権という。

解答　1○　2○　3○

3 | 口頭弁論2

さらに、口頭弁論の手続をみましょう

> **Q** 裁判の進行は？
>
> **A** 職権で行われるよ。

必要的口頭弁論

判決手続は、原則として、口頭弁論を経て行われなければなりません。これを必要的口頭弁論といいます。

これに対し、決定手続（後述します）では、口頭弁論を開くかどうかは任意とされています。任意的口頭弁論です。

口頭弁論の手続

口頭弁論は、公開の法廷で、当事者双方が出席して（双方審尋主義といいます）、裁判官の面前で直接に（直接主義）、口頭で行う（口頭主義）のが原則です。

そして、口頭弁論を充実させるために、弁論準備手続、書面による準備手続などの争点整理の手続が用意されています。

また、裁判所は、複雑な事件を適正迅速に処理するために審理計画を定めることもできます。

職権進行主義

民事訴訟では、審理の進行や整理の主導権を裁判所が持つ職権進行主義が採用されています。裁判所や裁判官は、訴訟指揮権を持ち、期日の指定・変更、弁論の分離・併合、訴訟手続の中止や中断した手続の続行などを命じることができます。

ただし、当事者にも、期日指定の申立て等の申立権などが認められています。

適時提出主義

攻撃防御方法は、訴訟の進行状況に応じて、適切な時期に提出しなければなりません。これを適時提出主義といいます。

この主義から、当事者が故意または重過失により時機に後れて提出した攻撃防御方法は、裁判所が訴訟の完結を遅延させることになると認めるときは、申立てまたは職権で、却下の決定をすることができます。

準備書面

当事者が口頭弁論において陳述しようとする事実を記載して、期日前に裁判所および相手方に提出する書面を準

備書面といいます。攻撃防御方法や相手方の請求および攻撃防御方法に対する陳述が記載されます。

準備書面を提出しておけば、最初の口頭弁論期日に欠席しても、陳述が擬制されます。また、準備書面に記載されている事実は、相手方が欠席している場合でも主張できます。

集中証拠調べ

民事訴訟では、争点整理手続で争点を整理し、証拠収集手続で事前に十分な準備をしたうえで証拠調べを行い、直接主義や口頭主義を充実させようとしています。

口頭弁論の手続
⇨双方審尋主義、直接主義、口頭主義の原則
職権進行主義
⇨審理の進行や整理の主導権を裁判所が持つ
適時提出主義
⇨攻撃防御方法は、訴訟の進行状況に応じて、適切な時期に提出しなければならない（時機に後れた攻撃防御方法の却下）

ミ ニ テ ス ト

1　判決手続において、口頭弁論を開くかどうかは、任意とされている。
2　口頭弁論は、公開の法廷で、当事者双方が出席して、裁判官の面前で直接に、口頭で行うのが原則である。
3　攻撃防御方法は、訴訟の進行状況に応じて適切な時期に提出しなければならないから、当事者が故意・重過失により時機に後れて提出した攻撃防御方法は、裁判所が訴訟の完結を遅延させることになると認めるときは、申立てまたは職権で、却下の決定をすることができる。

解答　1　×　原則として、口頭弁論を経て行われなければなりません。
　　　　2　○　3　○

4 裁判

最後に、民事訴訟の終了をみます

Ⓠ 裁判と判決って、同じ意味なの？

Ⓐ 違うよ。

裁判の種類

裁判とは、裁判機関が行う判定の結果またはその判断や意思を法定の形式で表示する訴訟行為をいいます。簡単にいえば、裁判所の判断です。

裁判には、次の3種類の区分があって、主体、上訴方法などに関して違いがあります。

ここで上訴とは、未確定の判決等について、上級裁判所に対して、その裁判の取消しまたは変更を求めることです。

①判決

判決は、裁判所が行う重要事項に対する判断で、必ず口頭弁論を経る必要があります。必要的口頭弁論の原則です。その告知は、言渡しの方法により行われます。この判断に不服がある場合の上訴は、控訴・上告と呼ばれています。

なお、控訴は、第一審の判決に対する上訴で、地方裁判所が第一審の場合、高等裁判所が控訴裁判所になります。上告は、控訴審の判決に対する上訴で、高等裁判所が控訴審の場合、最高裁判所が上告裁判所になります。

②決定

決定は、裁判所が行う付随事項（訴訟指揮や訴訟手続上の付随的事項など）に対する判断で、必ずしも口頭弁論を経る必要はありません。任意的口頭弁論です。告知は、裁判所が相当と認める方法で行えば足ります。この判断に不服がある場合の上訴は、抗告・再抗告と呼ばれています。

③命令

命令は、裁判長などが行う付随事項に対する判断です。この点で、決定とは異なります。その他は、決定と同じです。つまり、必ずしも口頭弁論を経る必要はなく、告知も、裁判所が相当と認める方法で行えば足り、不服がある場合の上訴も、抗告・再抗告と呼ばれています。

判決

①事実認定

裁判所は、判決をするにあたり、口頭弁論の全趣旨および証拠調べの結果をしん酌して、自由な心証により、事実についての主張を真実と認めるべき

か否かを判断します。裁判の基礎となる事実は、裁判官の自由な心証により認定してよいとする自由心証主義の原則です。

では、事実の存在につき裁判所が心証を得ることができない場合はどうなるのでしょうか。これが証明責任の問題です。

弁論主義の原則では、当事者がある事実を主張し、その存在を立証しなければ、裁判所で判決の基礎にしてもらえません。したがって、証明責任を負う者の立証が不十分で、裁判所がその事実の存在につき心証を得られなかったときは、その事実を規定している法律は適用されないことになるのです。

②本案判決と訴訟判決

原告の申立事項に関する判断のことを、本案についての判決なので本案判決といいます。原告の申立てを認める認容判決と、それを退ける棄却判決があります。

これに対し、訴訟要件が具備されていないことを理由に本案判決をせず、いわば門前払いの、訴えを却下する判決を訴訟判決といいます。

③判決の効力

まず、裁判所は、原則として、自己がした判決を変更することができません。自己拘束力といいます。

また、確定判決における訴訟物の判断に、訴訟当事者も裁判所も拘束されるという効力が既判力です。既に判示したことによる効力で、矛盾する判断を防止するためにあります。

ポ　イ　ン　ト

裁判の種類

	主体	口頭弁論	告知方法	上訴
判決	裁判所	必要的	言渡し	控訴・上告
決定	裁判所	任意的	相当な方法	抗告・再抗告
命令	裁判長など	任意的	相当な方法	抗告・再抗告

ミニテスト

1　判決は、裁判所が行う付随事項に対する判断であり、必ずしも口頭弁論を経る必要はない。告知は、裁判所が相当と認める方法で行えば足りる。この判断に不服がある場合の上訴は、抗告・再抗告と呼ばれている。

解答　1　×　判決ではなく、決定の説明になっています。

5 | 捜査

ここから、刑事の手続をみていきます

Q 捜査の具体例って何？
A ＴＶの刑事ドラマの犯罪捜査だよ。

意義

捜査とは、犯罪が発生したときにおける犯人の発見や身柄の拘束、証拠の収集のための行われる一連の活動をいいます。貴方のお好きな刑事ドラマの内容を思い出してください！

捜査主体

司法警察職員、検察官、検察事務官の３種類です。

主として司法警察職員が担当しますが、検察官も、必要と認めるときは、自ら捜査を行い、検察官の指揮を受けて検察事務官も捜査を行います。

なお、司法警察職員は、警察庁および都道府県の警察官によって構成される一般司法警察職員と、特別の事項について捜査を行う特定の行政庁の職員である特別司法警察職員（海上保安官、麻薬取締官など）に分類されます。

任意捜査の原則

犯罪捜査は、相手方の同意を得て行われる任意捜査が原則です。

したがって、強制的な処分を行うためには、原則として、裁判官が発する令状（逮捕令状、捜索・差押令状）が必要となります。ただし、現行犯逮捕の場合には逮捕状は必要とされず、また、緊急逮捕の場合も、逮捕状なくして逮捕することを認めています。

ここで緊急逮捕とは、（殺人などの）死刑などにあたる罪を犯したことを疑うに足りる十分な理由がある場合で、急速を要して裁判官の逮捕状を求めることができないときに、逮捕後直ちに裁判官に逮捕状を求めるものです。

身柄の拘束

警察官が被疑者を逮捕したときは、直ちに逮捕の理由となった犯罪事実の要旨と弁護人選任権を告知したうえで、弁解の機会を与えなければなりません。そして、被疑者を取り調べた後、警察官は、48時間以内に身柄を検察官に送致（送検）するか、釈放するかを決定しなければなりません。

次に、身柄の送致を受けた検察官は、その時から24時間以内に、裁判官に対して被疑者の勾留を請求するか、

釈放するかを決定しなければなりません。

勾留請求を受けた裁判官は、被疑者について勾留理由の有無（罪証隠滅、逃亡のおそれなど）を審査し、理由があれば勾留状を発して被疑者の勾留を命じます。

この勾留期間は原則として10日なので、10日以内に公訴を提起しなければ、検察官は被疑者を釈放しなければならないのが原則です。ただし、やむを得ない事由があれば10日を限度として延長することができるなどの例外もあります。

さらに、公訴が提起されればその時から2か月間は勾留することができ、一定の場合には延長することもできます。

なお、勾留された被疑者・被告人は、裁判官・裁判所に対して、公開の法廷で勾留理由を開示するよう請求することができます。

また、法定刑が死刑などに当たる事件について勾留を請求された被疑者または勾留状が発せられた被疑者が貧困その他の事由により弁護人を選任することができないときは、裁判官は、その請求により、原則として国選弁護人を付さなければなりません。これを被疑者国選弁護または起訴前国選弁護といいます（被告人の場合は、被告人国選弁護または起訴後国選弁護です）。

ポイント

身柄の拘束
　　警察段階
　　　逮捕→送検
　　検察段階
　　　勾留→公訴提起（公判手続）

ミニテスト

1　犯罪捜査は、相手方の同意を得て行われる任意捜査が原則であるから、強制的処分を行うためには、裁判官が発する令状が必要となる。
2　被疑者を取り調べた後、警察官は、48時間以内に身柄を検察官に送致するか、釈放するかを決定しなければならない。
3　身柄の送致を受けた検察官は、その時から48時間以内に、裁判官に対して被疑者の勾留を請求するか、釈放するかを決定しなければならない。

解答　1 ○　2 ○　3 ×　24時間以内です。

6 公訴提起と公判手続

次に、刑事裁判の手続をみましょう

Ⓠ 公判の具体例って何？

Ⓐ ＴＶの法廷ドラマの裁判だよ。

起訴便宜主義

捜査の結果、犯罪の嫌疑が十分にあると判断すれば、検察官は公訴を提起します（国家訴追主義です）。逆に、嫌疑が不十分だと判断すれば、不起訴処分が行われます。また、嫌疑が十分あっても、処罰の必要がないと判断されれば、起訴猶予とすることもできます。

このように、検察官に起訴・不起訴についての裁量権が与えられていることを起訴便宜主義といいます。

なお、検察官の訴追裁量権を制限する制度として、付審判手続があります。一定の犯罪を対象に、当該犯罪の告訴・告発した者が検察官の不起訴処分に不服があるときに、その検察庁の所在地を管轄する地方裁判所に、事件を裁判所の審判に付するように請求するものです。だから、「付」審判の手続といいます。

公訴提起の方法

公訴の提起は、審判の対象となる犯罪事実（これを、訴因といいます）を記載した起訴状の提起によって行われます。審判者である裁判官に予断を生じさせないようにするため、検察官は起訴状以外の物を公訴提起段階で提出してはならないとされています。これを起訴状一本主義といいます。

公訴提起の方法として、通常の公判請求の他に、簡易裁判所に対して公判前に100万円以下の罰金などの略式命令を求める略式請求や、争いのない簡易明白な事件について認められる即決裁判手続の申立てもあります。

なお、裁判所は、公判の審理を計画的かつ迅速に行うため必要があると認めるときは、第1回公判期日前に、事件の争点および証拠を整理するための公判準備として、公判前整理手続が行えます。

公判手続

刑事裁判においても、訴訟当事者が訴訟遂行についての主導権を持つ当事者主義が採られています。それゆえ、犯罪事実の存否は証拠に基づいて判断されなければならないので、証拠の提出も主として検察官と被告人の双方に

よって行われますが、裁判所も補充的には職権で証拠の収集、取調べを行うことができます。

そして、この証拠については、人権侵害の排除や誤判防止のために、次のような制限が加えられています。

まず、強制や拷問などによる自白その他任意にされたものでない疑いのある自白は証拠とすることが許されません。自白法則といいます。任意性のある自白であっても、その自白が被告人にとって唯一の不利益な証拠である場合には、その真実性を担保するための補強証拠が必要とされています。補強法則です。

また、証人の供述を録取した書面や、他の者の供述を内容とする供述（いわゆる、また聞き）については、直接の証言者に対する反対尋問により原供述者の真意をチェックすることができないため、伝聞証拠として、一定の例外を除き、証拠とすることが許されていません。伝聞法則です。

このような制限の下で、適法な証拠調べを経た証拠により、裁判所は有罪・無罪の判断をすることになりますが、これら証拠の評価については裁判官の自由な判断に委ねられていて、これを自由心証主義といいます。

ただし、「疑わしきは被告人の利益に」という、被告人には無罪の推定が及ぶので、有罪判決をするためには、裁判官が合理的な疑いを入れない程度の有罪の心証を抱くことが必要です。

公訴提起
　起訴便宜主義⇨検察官に起訴・不起訴についての裁量権が与えられていること
　起訴状一本主義⇨検察官は起訴状以外の物を公訴提起段階で提出してはならない
公判手続
　証拠法則⇨自白法則、補強法則、伝聞法則

ミニテスト

1　証人の供述を録取した書面や、他の者の供述を内容とする供述については、伝聞証拠であるため、一定の例外を除き、証拠とすることが許されていない。

　1　○

7 | 裁判外紛争処理

ここで、裁判外の紛争処理の各種手続をみましょう

Q ＡＤＲってどういう意味？

A 裁判外紛争処理だよ。

意義

①傾向

判決を経ることなく、主に第三者機関が関与する裁判外紛争処理（ADR: Alternative Dispute Resolution）を用いて私人間の民事紛争を個別的に解決するシステムは、現在、公私各種のものがあって、拡充傾向にあります。

そして、そのような裁判外紛争解決手続の拡充・活性化による国民の権利利益の適切な実現を目的として、裁判外紛争解決手続利用促進法（ADR基本法）が成立しています。これは、ADRの基本理念や国・地方自治体の責務を定めたうえで、民間紛争解決業務の認証制度を設け、訴訟手続の中止などの特例を定めて、裁判外手続による和解交渉の環境を整備しようとするものです。

②長所

このような裁判外紛争解決手続を利用する長所としては、手続が簡易・迅速で費用が低廉である、非公開の手続で進められるためプライバシーや営業秘密が保たれる、各分野における専門家に依頼することが可能であるため個別紛争の実態に即した解決が期待できる、行政型や民間型の手続を用いることにより裁判所の負担を軽減できる、などがあります。

分類

裁判外紛争解決手続は、その設営主体に応じて、次のように分類されます。

①裁判所内手続

第1に、裁判上の和解です。これには、訴え提起前の和解（即決和解）と訴訟上の和解があります。

訴え提起前の和解は、民事訴訟の目的となる紛争につき、一方当事者が、訴えを提起する前に、請求の趣旨・原因などを表示して、簡易裁判所に和解の申立てをする制度です。和解が調わない場合には、当事者双方の申立てがあればそのまま訴訟に移行します。

訴訟上の和解は、訴訟の係属中に、裁判所からの勧告により、当事者双方が譲歩して争いを解決する行為です。

和解に基づき作成された和解調書に

は、確定判決と同一の効力が認められます。

第2に、裁判所での調停です。民事調停と家事調停があります。なお、家事事件については、訴訟を提起する前に、まず家庭裁判所に調停を申し立てなければなりません。

非公開で調停にあたりますが、調停案には拘束力はなく、当事者双方が受諾しなければ成立しません。

②行政型手続

行政機関が直接紛争処理に当たったり、または行政機関が関与する組織に紛争解決を委ねる制度です。国民生活センター、消費生活センターなどがあります。例えば、地方公共団体が設置する消費生活センターでは、一般消費者からの相談や苦情について、担当者が、業者からの事情聴取や商品テストによる事実確認をするとともに、当事者間の話合いのあっせんや申立人の説得、業者への勧告といった方法により、短期間での適切な解決や救済に努めています。

③民間型手続

例えば、仲裁法による仲裁は、民事上の紛争の当事者双方が当該紛争に精通した専門家である第三者の仲裁人に紛争の解決を依頼するものです。あらかじめ仲裁人の判断に従うことを当事者双方が合意しているので、仲裁判断には法的拘束力があります。それゆえ、裁判所に、執行決定、すなわち仲裁判断に基づく民事執行を許す決定を求めることもできます。

裁判所内手続
　裁判上の和解（訴え提起前の和解・訴訟上の和解）
　調停（民事調停・家事調停）
行政型手続
民間型手続
　仲裁など

ミニテスト

1　和解に基づき作成された和解調書には、確定判決と同一の効力が認められる。

　1　○

8 市民の司法参加

裁判員制度など、市民が司法に参加するテーマです

Q 日本の裁判員制度は、他国の陪審制と参審制のどちらにより近いの？

A 参審制だよ。

検察審査会

　検察審査会は、検察官の訴追裁量権が濫用されないようにするために、民間人（衆議院議員の選挙権を有する者の中からクジで選ばれた11人の検察審査員で、任期6か月）によって構成されています。

　被害者や告訴人などの一定の者からの申立て、または職権により、検察官による不起訴処分の妥当性を審査し、あらためてより詳しい捜査が必要と判断すれば「不起訴不当」、起訴が必要と判断すれば「起訴相当」の議決をして、管轄の地方検察庁に送付する制度です。

　特に、起訴相当の議決に対し、検察官が重ねてその事件につき不起訴処分をしたときは、検察審査会が再度の審査をして起訴すべき旨の議決をすることができます。この起訴議決をしたときは、管轄の地方裁判所が公訴の提起、維持に当たる者を弁護士の中から指定しなければなりません。そして、当該指定弁護士は、速やかに起訴状を作成して、事件を起訴することが義務

づけられています。

裁判員制度

①陪審制と参審制

　国民の司法参加の制度としては、世界的に見ると陪審制と参審制の2つがあります。

　まず、陪審制には、一般国民から選任された陪審員が、正式起訴をするか否かを決定する大陪審と裁判における審理に参加し評決する小陪審があります。英米法系の国で発達した制度です。よって、アメリカの法廷映画、ドラマが具体的にわかりやすい例です。

　これに対し、参審制は、一般国民から選任された参審員が、職業裁判官とともに合議体を構成して裁判する制度です。ヨーロッパ大陸法系の国々で発達した制度です。

　ところで、日本において平成21年から実施されている裁判員制度は、職業裁判官と一般国民から選任された裁判員がともに合議体を構成するという点において、参審制に類似したものといえます。

②裁判員法

　殺人や傷害致死などの一定の重大な事件に関する第一審において、国民が刑事裁判に参加する手続を定めた「裁判員の参加する刑事裁判に関する法律」（裁判員法）が平成21年5月21日から施行されています。

　有権者から成る裁判員候補者名簿から無作為に選ばれて呼び出された者の中から選任された裁判員6人と職業裁判官3人で構成される合議体（起訴事実に争いがなければ、裁判員4人と職業裁判官1人の構成も可能です）が、被告人の有罪・無罪およびその量刑を決定します。ただし、法令の解釈や訴訟手続については裁判官が担当します。

　この有罪・無罪およびその量刑の決定については、合議体の過半数の賛成で決定しますが、少なくとも裁判員・裁判官各1人の賛成があることが必要です。

　社会生活上やむを得ない事情があれば裁判員を辞退することも可能です。例えば、重い疾病または傷害により裁判所に出頭することが困難であるとか、介護・養育が行われなければ日常生活を営むのに支障がある同居の親族の介護・養育を行う必要があるなどの場合です。しかし、正当な理由なく出頭を拒めば、10万円以下の過料に処せられます。

　また、裁判員となった後に評議の内容や職務上知り得た秘密を漏らした場合には、6か月以下の懲役または50万円以下の罰金に処せられます。

裁判員制度
⇨殺人など一定の重大な事件に関する第一審において、有権者から成る裁判員候補者名簿から無作為に選ばれて呼び出された者の中から選任された裁判員6人と職業裁判官3人で構成される合議体が、被告人の有罪・無罪およびその量刑を決定する

ミニテスト

1　裁判員制度において、有罪・無罪およびその量刑の決定については、合議体の過半数の賛成で決定するが、少なくとも裁判員・裁判官各1人の賛成があることが必要である。

　1　○

1 | 概要

個人情報保護法の制定・改正の経緯についてです

Q 個人情報保護法っていつできたの？

A 2003年（平成15年）に制定された法律だよ。

個人情報保護法の制定

個人情報保護法（「個人情報の保護に関する法律」）は、平成15年に制定された法律です。平成17年4月から施行されています。

個人情報の保護については、行政機関の保有する電子計算機に係るものに限定されていましたが、「行政機関の保有する電子計算機処理に係る個人情報の保護に関する法律」という法律が昭和63年に制定されていました。この法律は、国の行政機関において電子計算機で処理されている個人情報の取扱いについて、保有の制限や開示請求などのルールを定めたものでした。

その後、平成15年に個人情報保護法が制定されたことに伴い、同法は全面改正され、「行政機関の保有する個人情報の保護に関する法律」になりました。

平成27年改正

平成27年の改正により、新たに「要配慮個人情報」や「匿名加工情報」の定義を明文化し、個人情報保護委員会に関する規定が新設されました。

令和2年改正

令和2年の改正により、新たに「仮名加工情報」の定義を明文化し、保有個人データの開示請求のデジタル化についての規定が設けられ、罰則も強化されました。

令和3年改正

令和3年の改正により、個人情報保護法、行政機関個人情報保護法、独立行政法人等個人情報保護法の3つの法律を1つの法律に統合させるとともに、地方公共団体の個人情報保護制度についても統合後の個人情報保護法で規制の対象とし、全体の所管を個人情報保護委員会に一元化させました。

現在の個人情報保護法における「行政機関等」には、行政機関のほか、地方公共団体の機関（議会を除く）、独立行政法人等、地方独立行政法人も含まれます。

目的

個人情報保護法は、デジタル社会の

進展に伴い個人情報の利用が著しく拡大していることを背景に制定されました。個人情報の適正な取扱いに関し、基本理念および政府による基本方針の作成その他の個人情報の保護に関する施策の基本となる事項を定めています。また、国および地方公共団体の責務等を明らかにし、個人情報を取り扱う事業者および行政機関等についてこれらの特性に応じて遵守すべき義務等を定めています。個人情報保護委員会を設置することにより、行政機関等の事務・事業の適正かつ円滑な運営を図っています。個人情報の適正かつ効果的な活用が新たな産業の創出・活力ある経済社会および豊かな国民生活の実現に資するものであることその他の個人情報の有用性に配慮しつつ、個人の権利利益を保護することを目的としています。

ポイント

個人情報保護法の規制対象

	平成15年制定当時 （平成17年4月施行）	令和3年改正 （令和5年4月施行）
民間事業者	○	○
国の行政機関	×	○
独立行政法人	×	○
地方公共団体	×	○

ミニテスト

1 個人情報保護法の「行政機関等」には、地方公共団体の機関（議会を除く）は含まれない。

2 個人情報保護法の「行政機関等」には、独立行政法人等は含まれない。

解答 1 × 地方公共団体の機関（議会を除く）も含まれます。

2 × 独立行政法人等も含まれます。

2 | 定義

個人情報や個人情報取扱事業者の定義について定められています

Q 個人情報取扱事業者って誰？

A 個人情報データベース等を事業の用に供している者のことだよ。

個人情報とは

「個人情報」とは、生存する個人に関する情報であって、①当該情報に含まれる氏名、生年月日その他の記述等（文書、図画、電磁的記録に記載・記録され、または音声、動作その他の方法を用いて表された一切の事項）により特定の個人を識別することができるもの（他の情報と容易に照合することができ、それにより特定の個人を識別することができることとなるものを含む）、②個人識別符号が含まれるもののいずれかに該当するもののことをいいます。

つまり、生存する個人に関する情報で、それにより特定の個人が識別できるものという意味合いです。

生存する個人に関する情報であればよいので、未成年者や外国人の情報も個人情報に該当しますが、死者に関する情報は個人情報には該当しません。また、個人識別符号には、マイナンバーや指紋データ・顔認証データなどが該当します。

要配慮個人情報

「要配慮個人情報」とは、本人の人種、信条、社会的身分、病歴、犯罪の経歴、犯罪により害を被った事実その他本人に対する不当な差別、偏見その他の不利益が生じないようにその取扱いに特に配慮を要するものとして政令で定める記述等が含まれる個人情報のことをいいます。

例えば、個人情報の場合、第三者に個人データを提供するにあたりオプトアウト方式（本人の提供拒否があれば提供を止めればよく、あらかじめ本人の同意がなくても提供を可能とする仕組み）を採ることが認められていますが、要配慮個人情報の場合はオプトアウト方式による第三者提供は認められていません。

仮名加工情報と匿名加工情報

「仮名加工情報」とは、一定の措置を講じて他の情報と照合しない限り特定の個人を識別することができないように個人情報を加工して得られる個人に関する情報のことをいいます。一

方、「匿名加工情報」とは、一定の措置を講じて特定の個人を識別することができないように個人情報を加工して得られる個人に関する情報であって、当該個人情報を復元することができないようにしたもののことをいいます。名前や連絡先を削除したり別の情報に置き換えたりして特定の個人を識別できないようにすることは共通ですが、それを復元できないようにしているかどうかにおいて異なります。

個人情報取扱事業者

「個人情報取扱事業者」とは、個人情報データベース等を事業の用に供している者のことをいいます。個人情報取扱事業者に該当すると、個人情報保護法で規定されている個人情報取扱事業者に対する義務等の規定が適用されます。

ただし、①国の機関、②地方公共団体、③独立行政法人等、④地方独立行政法人は、個人情報取扱事業者からは除かれています。

「個人情報」の定義
- 外国人の氏名：該当する
- 未成年者の氏名：該当する
- 死者の氏名：該当しない
- 株式会社の商号：該当しない
- 株式会社の代表取締役社長の氏名：該当する

第8編 個人情報保護法とは何か？

ミニテスト

1　外国人の氏名は、個人情報保護法における「個人情報」に該当する。
2　死者の氏名は、個人情報保護法における「個人情報」に該当する。
【解答】　1 ○　2 × 生存する個人ではないから。

3 | 個人情報取扱事業者の義務等

個人情報取扱事業者に対して、個人情報、個人データ、保有個人データの取扱いについての義務をみましょう

Q 個人情報取扱事業者が個人データを第三者に提供するのに本人の同意は必要なの？

A あらかじめ本人の同意を得ることが必要です。

個人情報

個人情報取扱事業者は、原則として、あらかじめ本人の同意を得ないで、特定された利用目的の達成に必要な範囲を超えて、個人情報を取り扱ってはなりません。

個人情報取扱事業者は、偽りその他不正の手段により個人情報を取得してはなりません。

個人情報取扱事業者が書面により直接本人から個人情報を取得する場合、原則として、あらかじめ、本人に対し、その利用目的を明示する必要があります。

個人データ

「個人データ」とは、個人情報データベース等を構成する個人情報のことをいいます。

個人情報取扱事業者は、その取り扱う個人データの漏えい、滅失、毀損の防止その他の個人データの安全管理のために必要かつ適切な措置を講じなければなりません。

個人情報取扱事業者は、原則として、あらかじめ本人の同意を得ないで、個人データを第三者に提供してはなりません。

保有個人データ

「保有個人データ」とは、個人情報取扱事業者が、開示、内容の訂正・追加・削除、利用の停止・消去・第三者への提供の停止を行うことのできる権限を有する個人データであって、その存否が明らかになることにより公益その他の利益が害されるものとして政令で定めるもの以外のものをいいます。

本人は、個人情報取扱事業者に対し、当該本人が識別される保有個人データの電磁的記録の提供による方法その他の個人情報保護委員会規則で定める方法による開示を請求することができます。これに対し、個人情報取扱事業者は、当該請求を受けたときは、本人に対し、原則として、当該本人が請求した方法により当該保有個人データを開示しなければなりません。

個人データに関する個人情報取扱事業者の義務

データ内容の正確性の確保等	利用目的の達成に必要な範囲内において、個人データを正確かつ最新の内容に保つとともに、利用する必要がなくなったときは、当該個人データを遅滞なく消去するよう努めなければならない。
安全管理措置	取り扱う個人データの漏えい、滅失、毀損の防止その他の個人データの安全管理のために必要かつ適切な措置を講じなければならない。
従業者の監督	従業者に個人データを取り扱わせるに当たっては、当該個人データの安全管理が図られるよう、当該従業者に対する必要かつ適切な監督を行わなければならない。
委託先の監督	個人データの取扱いの全部または一部を委託する場合は、その取扱いを委託された個人データの安全管理が図られるよう、委託を受けた者に対する必要かつ適切な監督を行わなければならない。
漏えい等の報告等	取り扱う個人データの漏えい、滅失、毀損その他の個人データの安全の確保に係る事態であって個人の権利利益を害するおそれが大きいものとして個人情報保護委員会規則で定めるものが生じたときは、個人情報保護委員会規則で定めるところにより、当該事態が生じた旨を個人情報保護委員会に報告しなければならない。
第三者提供の制限	原則として、あらかじめ本人の同意を得ないで、個人データを第三者に提供してはならない。

1 本人は、個人情報取扱事業者に対し、当該本人が識別される保有個人データの電磁的記録の提供による方法その他の個人情報保護委員会規則で定める方法による開示を請求することができる。

解答 1 ○

1 | 主体

最後に、国際法について、簡単にみておきましょう

Q 国際法って、どんな法なの？

A 国と国の間の法だよ。

国際法

　国際法は、もともとは国家間の法という意味です。「際」は間という意味だからです（inter-nationです）。

　国際連合（国連）のような国際機関も国際法の主体となりえますが、国際法の中心となるのは原則として国家です。そこで、国家について説明します。

国家の承認

　国際法の主体である国家は、領土・国民・政府という3つの要件を備えていることが要求されます。

　そこで、新しく生まれた政治集団が、国際法上の国家、つまり、この3要件を満たしているかどうか、どのように判定されるのかが問題になります。これが、国家の承認というテーマです。

　まず、既存の国々に承認されてはじめて国家として創設されると考える説（創設的効果説）があります。周りの国々が認めてくれることが必要だということです。この説によれば、既存国家に強い裁量権が与えられることになります。

　これに対し、自ら認めた時に国家となり、既存国家による承認は宣言的、確認的効果を持つにすぎないと考える説（宣言的効果説）もあります。自分で言うだけでよいということです。かつては、創設的効果説が通説的でしたが、現在では、宣言的効果説の方が有力です。

創設的効果説	既存国家に承認されてはじめて国家として創設される
宣言的効果説	自ら認めた時に国家となり、既存国家による承認は宣言的効果を持つにすぎない

主権

　国家は、主権を持ちます。ここで主権とは、内政において、各国が自国を統治することができるという独立権と、外交関係で、他国と平等であるという平等権の2つを意味します。

①領土主権

　国家は、独立権に基づいて、自国民はもちろん、入国している外国人も支配するなど、自国の領土内を自由に統

治することができます。これを領土主権といいます。

この領土については、特に、領海が問題となります。国連海洋法条約（海洋法に関する国際連合条約）により、領海は、国家の領土の基線から12カイリまでの海域をいいます（1カイリは、1,852mです）。さらに、200カイリ以内に排他的経済水域（EEZ）という地域が定められ、その水域では資源開発が認められるなど、主権的な権利を持ちます。

なお、世界の海洋のうち、沿岸国の領海と排他的経済水域を除いた部分を公海といい、公海上は自由に航行でき

るという「公海自由の原則」が適用されます。

②対人主権

国家は、領土外、すなわち外国にいる自国民や外国にある自国民の財産に対しても主権を及ぼすことが可能です。これを対人主権といいます。

ただし、自国民の滞在国との関係では、原則として滞在国の領土主権が優先され、特別の場合に対人主権が適用されます。例えば、自国民Aが滞在国で不当な取扱いを受けた場合には、Aの本国が、滞在国に原状回復などを要求することもあります。これを外交保護権といいます。

国家の承認
　創設的効果説vs.宣言的効果説
国家の主権
　独立権と平等権
　領土主権と対人主権

ミニテスト

1　国家の承認に関して、既存の国々に承認されてはじめて国家となると考える説を創設的効果説という。
2　領海は、国家の領土の基線から12カイリまでの海域をいうが、さらに、200カイリ以内に排他的経済水域が定められ、主権的な権利を持つ。
3　公海上は自由に航行できるという原則を、公海自由の原則という。

解答　1○　2○　3○

第9編　国際法とは何か？

2 | 権利・義務

国家の具体的な権利や義務についてみます

Ｑ 条約以外の慣習法も認められるの？

Ａ 認められるよ。

国際慣習法と条約

国際慣習法および条約でさまざまな権利義務が認められます。

国際慣習法とは、国際社会で繰り返し行われてきた慣行が、法として意識されるまでに至ったものをいいます。慣習法の国際バージョンです。例えば、公海上は自由に航行できる公海自由の原則などです。

条約とは、国際法の主体間における文書による合意です。これによって、個々の権利や義務が発生したり消滅します。例えば、日米安全保障条約のような２国間の安全保障条約などです。

条約の締結については、（条約に関する）ウィーン条約がありますが、通常は、各国憲法などに委ねられています。交渉から始まって、署名され、条約に拘束されることを最終的に決める批准によって発効するのが原則的な手続です。

日本では、国会による承認や天皇の認証（ある行為が正当な手続で行われたことを証明する行為です）を必要とします。

> 条約の締結手続
> ①交渉→②署名→③批准（発効）

権利の侵害

実際に、他国の領海を侵犯したり、公海で他国の船舶を拿捕したりするなどが問題となっています。このような不法行為をした場合には、加害国は被害国に責任を負わなければなりません。国家責任が問われます。

この国家責任は、加害国が被害国に対して、自発的に、陳謝したり、原状を回復したり、損害賠償を支払うことで果たされます。

権利の回復

しかし、現実には、国家責任の有無や賠償額などをめぐって、当事国間に争いが生じることがよくあります。このような場合には、次の平和的手段や、場合によっては強制的手段によって、侵害された権利の回復を図ることになります。

①平和的手段

まず採られる方法は、当事国間の直接の外交交渉です。これで解決しない

ときは、次に第三者の介入によって解決が図られます。具体的には、あっせん、仲介、調停などですが、最も強力なものは、司法裁判です。その代表例が、国際司法裁判所（ICJ）の裁判です。国際司法裁判所は、国際連合の主要機関の1つで、オランダのハーグにあります。

国際司法裁判所	国際紛争の司法的解決を行う機関。安全保障理事会の推薦を受け総会で15人の裁判官が選出される。紛争当事国が提訴に同意して初めて裁判が開始され、判決には拘束力がある。

②強制的手段

　平和的手段では回復しない場合は、被害国は、強制力の行使、すなわち自力救済をせざるを得ないことになります。

　まず、自国の力のみでの自力救済として、復仇と戦争があります。復仇は、戦争に至らない程度の力を行使するものです。例えば、自国領内にある加害国の船を押収するレベルです。

　さらに、他国の力を借りての自力救済として、同盟を結んだり、集団的安全保障機構を構築することがあげられます。この集団的安全保障機構の最大最強のものは国際連合です。国家間のさまざまな紛争が国連に持ち込まれて、総会や安全保障理事会で、その解決が図られています。

総会	全加盟国の代表で構成され、国連憲章に定める問題について審議・勧告する機関。決議は単純多数決を採用している。
安全保障理事会	15か国で構成され、国際平和と安全の維持に関する事項を決定・執行する機関。常任理事国（米、露、英、仏、中の5か国）の任期は無期限。実質重要事項の決議は、常任理事国5か国を含む9か国以上の賛成が必要。

国際社会で繰り返し行われてきた慣行が法として意識されるまでに至ったのが国際慣習法⇔国際法の主体間における文書による合意が条約

ミニテスト

1　国際慣習法とは、国際社会で繰り返し行われてきた慣行が、法として意識されるまでに至ったものをいう。

　1　○

索　引

180

184

memo

執筆者紹介

神田理生

　1975年8月、大阪府生まれ。

　1998年3月、慶應義塾大学法学部法律学科卒業。

　現在、資格の学校TAC行政書士講座専任講師として、民法・行政法などの法律科目、政治・経済・情報などの一般知識科目の講義を担当。講義は、法律初学者にもわかりやすく楽しいと好評。

　主な著書には、「みんなが欲しかった！行政書士の教科書」（TAC出版）、「みんなが欲しかった！行政書士の問題集」（同）などがある。

面白いほど理解できる法学の基礎の基礎

2023年8月21日　初　版　第1刷発行

編 著 者	株式会社　早稲田経営出版	
	（法学研究会）	
発 行 者	猪　野　　　樹	
発 行 所	株式会社　早稲田経営出版	

〒101-0061
東京都千代田区神田三崎町3-1-5
神田三崎町ビル
電話 03(5276)9492(営業)
FAX 03(5276)9027

組　　版	株式会社　グ ラ フ ト
印　　刷	今 家 印 刷 株 式 会 社
製　　本	株式会社　常 川 製 本

Ⓒ Waseda keiei syuppan 2023　　　Printed in Japan　　　ISBN 978-4-8471-5040-1

N.D.C. 327

本書は,「著作権法」によって,著作権等の権利が保護されている著作物です。本書の全部または一部につき,無断で転載,複写されると,著作権等の権利侵害となります。上記のような使い方をされる場合,および本書を使用して講義・セミナー等を実施する場合には,小社宛許諾を求めてください。

乱丁・落丁による交換,および正誤のお問合せ対応は,該当書籍の改訂版刊行月末日までといたします。なお,交換につきましては,書籍の在庫状況等により,お受けできない場合もございます。
また,各種本試験の実施の延期,中止を理由とした本書の返品はお受けいたしません。返金もいたしかねますので,あらかじめご了承くださいますようお願い申し上げます。

書籍の正誤に関するご確認とお問合せについて

書籍の記載内容に誤りではないかと思われる箇所がございましたら、以下の手順にてご確認とお問合せをしてくださいますよう、お願い申し上げます。

なお、正誤のお問合せ以外の**書籍内容に関する解説および受験指導などは、一切行っておりません。**
そのようなお問合せにつきましては、お答えいたしかねますので、あらかじめご了承ください。

1 「Cyber Book Store」にて正誤表を確認する

早稲田経営出版刊行書籍の販売代行を行っている
TAC出版書籍販売サイト「Cyber Book Store」の
トップページ内「正誤表」コーナーにて、正誤表をご確認ください。

CYBER TAC出版書籍販売サイト
BOOK STORE

URL:https://bookstore.tac-school.co.jp/

2 1 の正誤表がない、あるいは正誤表に該当箇所の記載がない ⇒ 下記①、②のどちらかの方法で文書にて問合せをする

★ご注意ください★

お電話でのお問合せは、お受けいたしません。
①、②のどちらの方法でも、お問合せの際には、「お名前」とともに、
「対象の書籍名(○級・第○回対策も含む)およびその版数(第○版・○○年度版など)」
「お問合せ該当箇所の頁数と行数」
「誤りと思われる記載」
「正しいとお考えになる記載とその根拠」
を明記してください。
なお、回答までに1週間前後を要する場合もございます。あらかじめご了承ください。

① ウェブページ「Cyber Book Store」内の「お問合せフォーム」より問合せをする

【お問合せフォームアドレス】

https://bookstore.tac-school.co.jp/inquiry/

② メールにより問合せをする

【メール宛先 早稲田経営出版】

sbook@wasedakeiei.co.jp

※土日祝日はお問合せ対応をおこなっておりません。
※正誤のお問合せ対応は、該当書籍の改訂版刊行月末日までといたします。

乱丁・落丁による交換は、該当書籍の改訂版刊行月末日までといたします。なお、書籍の在庫状況等により、お受けできない場合もございます。
また、各種本試験の実施の延期、中止を理由とした本書の返品はお受けいたしません。返金もいたしかねますので、あらかじめご了承くださいますようお願い申し上げます。

早稲田経営出版における個人情報の取り扱いについて
■お預かりした個人情報は、共同利用させていただいているTAC(株)で管理し、お問合せへの対応、当社の記録保管にのみ利用いたします。お客様の同意なしに業務委託先以外の第三者に開示、提供することはございません(法令等により開示を求められた場合を除く)。その他、共同利用に関する事項等については当社ホームページ(http://www.waseda-mp.com)をご覧ください。

(2022年7月現在)